すぐに作れて毎日使える
味つけだれ

味つけがうまく決まらない、
調味料をあれこれ用意するのが大変……。
そんな悩みを解決してくれるのが、
この本の「味つけだれ」。
7つのたれのおいしい魔法が、
かんたん＆失敗なしのおかず作りを
叶えてくれます。

「味つけだれ」ってどんなたれ？
うれしい4つのポイント

「味つけだれ」には、工夫がいっぱい！
うれしい4つのポイントを紹介します。

1. 「味つけだれ」で、味つけかんたん！

「味つけだれ」があれば、料理ごとにいろいろな調味料を計量する手間が省けるので、調理時間がぐっと短縮。たれで味がピタリと決まるので、味つけの失敗もありません。

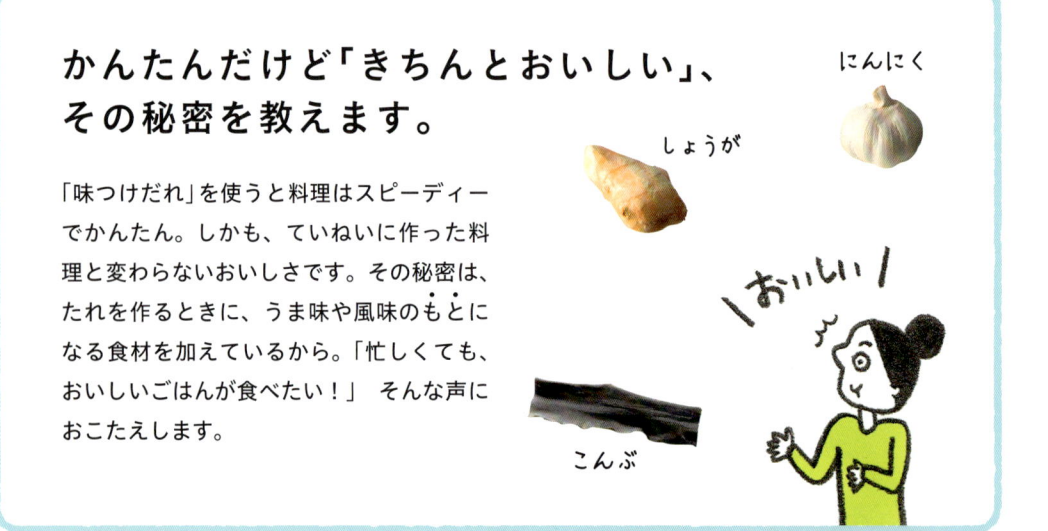

材料と ＋ 味つけだれで ＞＞＞ 1品完成！

かんたんだけど「きちんとおいしい」、その秘密を教えます。

「味つけだれ」を使うと料理はスピーディーでかんたん。しかも、ていねいに作った料理と変わらないおいしさです。その秘密は、たれを作るときに、うま味や風味のもとになる食材を加えているから。「忙しくても、おいしいごはんが食べたい！」 そんな声におこたえします。

にんにく
しょうが
こんぶ
おいしい！

2. 「味つけだれ」は、すぐに作れる！

気軽に作ってほしいから、「味つけだれ」は鍋やコンロの火を使わずに作ります。
材料はどれも身近な食材ばかり。あとは保存容器があればＯＫ！
ふだんの食事作りの合間や、思いたったときに、すぐに作れます。

こんなふうに作ります

混ぜるだけ　材料を混ぜるだけで、できあがり。

電子レンジ加熱　材料を混ぜて、電子レンジで加熱して、できあがり。
耐熱性の保存容器で作れば、加熱後はそのまま冷蔵庫で保存できます。

3. 主菜から副菜まで使いまわせる

この本で紹介する「味つけだれ」は7種類です。
いろいろな料理に使いまわせるように、調味料の配合を考えぬいた究極のたれぞろい。
ソースに、煮ものに、炒めものにと、自在に使えます。
たれは1週間をめやすに冷蔵庫で保存できるので、ぜひフル活用してください。

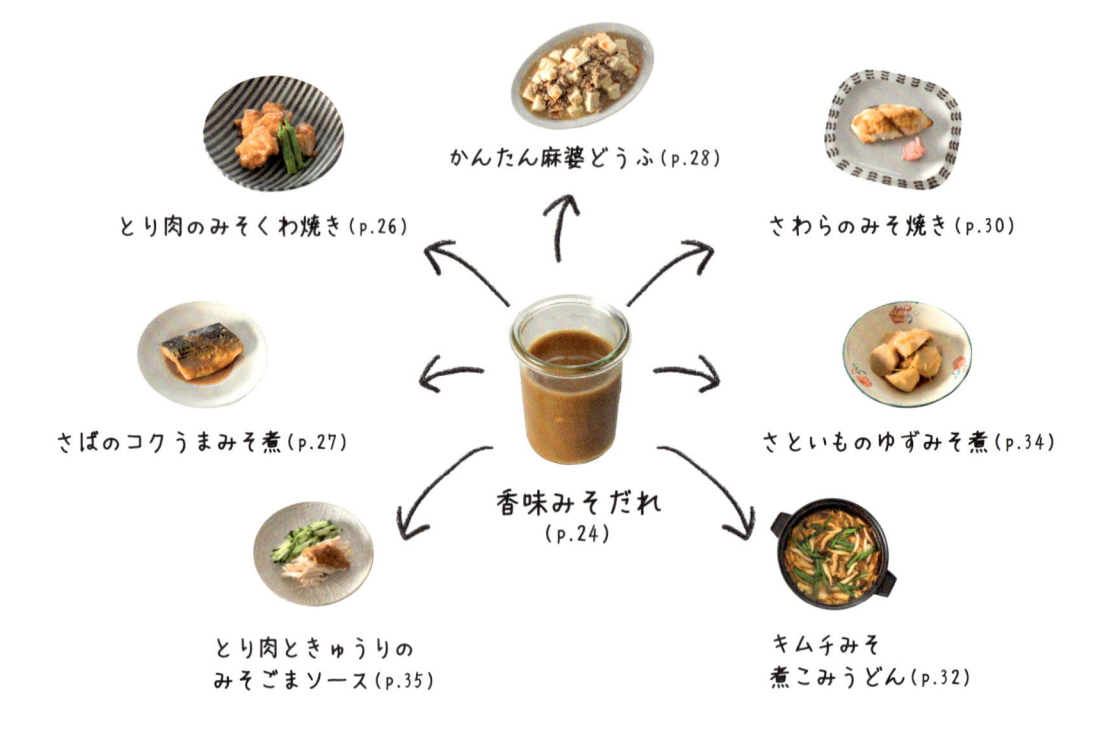

とり肉のみそくわ焼き (p.26)
かんたん麻婆どうふ (p.28)
さわらのみそ焼き (p.30)
さばのコクうまみそ煮 (p.27)
さといものゆずみそ煮 (p.34)
香味みそだれ (p.24)
とり肉ときゅうりのみそごまソース (p.35)
キムチみそ煮こみうどん (p.32)

1week

味つけだれの

保存のめやすは、冷蔵庫で1週間。

※保存するときの注意はp.95を参照してください。

4. 「味つけだれ」＋αで味つけいろいろ

「味つけだれ」は、それだけで味つけできるのはもちろん、香味野菜や香辛料を
たすと味つけの幅がさらに広がります。
下の3品は、どれも同じ「こんぶつゆ(p.8)」で作ったおかず。
ひとつのたれで、バリエーション豊かな味つけができます。

こんぶつゆ だけ

かぼちゃの煮もの (p.19)

こんぶつゆ ＋ とうがらし

きゅうりのポリポリ漬け (p.20)

豚肉のしょうが焼き (p.13)

こんぶつゆ ＋ しょうが

Let's try!

CONTENTS

2 「味つけだれ」ってどんなたれ？ うれしい4つのポイント

こんぶつゆ　P.8

- 10 肉じゃが
- 11 さけのみぞれ煮
- 12 とり肉の照り焼き
- 13 豚肉のしょうが焼き
- 14 おろしぶっかけうどん
- 15 とりごぼうの炊きこみごはん
- 16 竜田揚げ
- 17 おでん
- 18 れんこんのきんぴら
  かみなりこんにゃく
- 19 かぼちゃの煮もの
  小松菜の煮びたし
- 20 ブロッコリーのチーズあえ
  きゅうりのポリポリ漬け
- 21 けんちん風根菜スープ

香味みそだれ　P.24

- 26 とり肉のみそくわ焼き
- 27 さばのコクうまみそ煮
- 28 かんたん麻婆どうふ
- 29 回鍋肉風豚キャベツ炒め
- 30 さわらのみそ焼き
- 31 豚肉のみそ漬け
- 32 キムチみそ煮こみうどん
- 33 肉みそめん
- 34 なすのみそ炒め
  さといものゆずみそ煮
- 35 とり肉ときゅうりのみそごまソース
  とうふ田楽

ねぎ塩だれ　P.36

- 38 ゴーヤチャンプルー
- 39 えびとセロリの塩炒め
- 40 たらのフライパン蒸し
- 41 牛肉とブロッコリーの塩炒め
- 42 焼き豚とレタスのチャーハン
- 43 豚肉とにらの塩焼きそば
- 44 たこときゅうりのあえもの
  いかと春菊のサラダ
- 45 にんじんナムル
  わかめスープ

レモンぽん酢　P.52

- 54 ゆで豚とはくさいのぽん酢がけ
- 55 油淋鶏
- 56 いわしのぽん酢煮
- 57 かんたん酢豚
- 58 野菜の南蛮漬け
- 59 酸辣湯麺
- 60 きゅうりとしらすの酢のもの
  ひじきのさっぱりあえ
- 61 ねばねば野菜のぽん酢あえ
  トマトとたまねぎの和風サラダ

トマトソース　P.62

- 64 とり肉とキャベツの蒸し煮
- 65 あじのトマト煮
- 66 ミートソーススパゲティ
- 67 さけとアスパラの
  トマトクリームパスタ
- 68 ポークソテー
- 69 トマトえびチリ
- 70 ハッシュドビーフ
- 71 トマトリゾット
- 72 ミネストローネ
  トマトポテトサラ
- 73 ピザトースト

CONTENTS

ごまだれ P.76
- 78 さけのごまだれ蒸し
- 79 とり肉とほうれんそうのごまだれ炒め
- 80 たい茶漬け
- 81 冷やし中華
- 82 キャベツのごま酢あえ 蒸しなす
- 83 白あえ

焼き肉だれ P.86
- 88 プルコギ
- 89 ぶりの香味照り焼き
- 90 牛肉とだいこんの煮もの
- 91 スペアリブのオーブン焼き
- 92 じゃがいものコクまろ煮 だいこんサラダ
- 93 いかの香味炒め

column

- 22 味つけだれ活用術1・お弁当のおかずに
  ピーマンのじゃこ炒め／卵焼き／いんげんの甘から炒め／たけのこのみそ炒め／ベーグルのごまツナサンド／パプリカのマリネ

- 46 味つけだれ活用術2・鍋つゆに
  とりだんご鍋／豆乳鍋／さけのみそバター鍋／レタスと豚肉の塩しゃぶしゃぶ／ブイヤベース風トマト鍋

- 74 味つけだれ活用術3・ドレッシング＆ディップに
  ぽん酢ドレッシング／ねぎ塩ドレッシング／ごまソースディップ／みそマヨディップ／トマトヨーグルトディップ

- 84 味つけだれ活用術4・おつまみに
  焼きとり・塩／焼きとり・たれ／ねぎ塩やっこ／ほたてのソテー／味つけ卵

- 94 「味つけだれ」をおいしく作って使うコツ

この本の表記について

● 計量の単位
大さじ1＝15mℓ　小さじ1＝5mℓ
カップ1＝200mℓ　　　　(mℓ＝cc)

● 電子レンジ
加熱時間は500Wのめやす時間です。600Wなら加熱時間を0.8倍、700Wなら0.7倍にして、ようすを見ながら加熱してください。

● フライパン
フッ素樹脂加工のフライパンを使用しています。

● スープの素
ビーフ、チキンなどは好みで。顆粒または粉状のものを使っていますが、固形のものもけずって同様に使えます。

● 保存期間のめやす
作ったその日を含めた、おおよそのめやすです。夏場や冷蔵庫の開け閉めが増える時期は、少し早めに使いきりましょう。

味つけだれ ❶

和食のおかずはおまかせ
こんぶつゆ

混ぜるだけ

「家族は和食が好きなのに、味がうまく決まらない」
そんな声にこたえて、和食の基本調味料をバランスよく合わせたたれを考えました。
しょうゆ・酒・みりんを「3：2：2」で合わせ、
こんぶでうま味を加えるのがポイントです。あとは冷蔵庫に"置いておく"だけ！
和食の煮もの、焼きもの、あえものはもちろん、めんつゆ代わりにも。
こんぶの風味が加わるので、だしがとれないときにも重宝します。
このたれひとつで、和食のおかずのレパートリーがぐんと広がります。

保存期間

冷蔵庫で約1週間
※こんぶはつけたまま保存する

こんぶつゆ

材料（できあがり量：約100mℓ）

しょうゆ	大さじ3
酒	大さじ2
みりん	大さじ2
こんぶ	5cm角（5g）

作り方

① すべての材料を保存容器に入れて ひと混ぜし、冷蔵庫にひと晩おく。

> こんぶから うま味が出ます

使い方あれこれ

めんのかけつゆに

1人分…こんぶつゆ大さじ3 + 水300mℓ

上記を合わせて鍋で煮立たせ、うどんやそばなど、ゆでためんを加えます。天かすやねぎなどの薬味や好みの具を加えてどうぞ。

めんのつけつゆに

1人分…こんぶつゆ大さじ2（加熱したもの）+ 水大さじ3

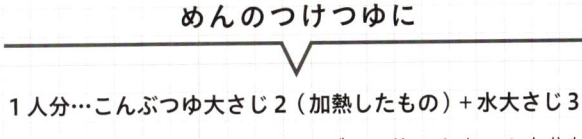

こんぶつゆのアルコール分をとばして使います。1人分ならこんぶつゆ大さじ2を耐熱容器に入れ、ラップをせずに電子レンジで約30秒（500W）加熱し、水大さじ3でうすめて冷やします。急ぐときは水の代わりに氷でも。しょうがやねぎ、みょうがなどの薬味を添えてどうぞ。

煮ものに

肉じゃが

たれを水でうすめるだけで、味のバランスがとれた煮汁に。
定番の煮ものも、味がピタリと決まります。

材料 2人分

- 豚こま切れ肉 …………… 150g
- じゃがいも ………… 2個（300g）
- たまねぎ ………… 1/2個（100g）
- にんじん ………… 1/2本（80g）

味つけ

A
- こんぶつゆ（p.8） ………… 大さじ4
- 水 ………………………… 100mℓ

作り方　⏱ 25分　1人分 356kcal

1. じゃがいもは皮をむいて4つに切り、水にさらして水気をきる。たまねぎは2cm幅のくし形に、にんじんは3cm大の乱切りにする。豚肉は大きいものはひと口大に切る。
2. 鍋にⒶを合わせ、肉を加えてほぐす（右写真）。1の野菜を加え、ふたをして強火にかける。
3. 煮立ったらアクをとり、ふたを少しずらしてのせる。中火にして約15分、途中で全体を1〜2回混ぜ、じゃがいもがやわらかくなるまで煮る。

（味つけのコツ）

火にかける前に煮汁の中で肉をほぐします。肉どうしがかたまらず、調味料がよくなじみます。

煮ものに

こんぶつゆの煮汁にだいこんおろしを加えて、みぞれ煮に。
覚えておくと、ほかの魚や肉に応用できます。

さけのみぞれ煮

こんぶつゆ

材料 2人分

甘塩さけ	2切れ (200g)
酒	小さじ1
小麦粉	小さじ1
だいこん	150g
だいこんの葉	10g
サラダ油	小さじ1

味つけ

A
- こんぶつゆ (p.8) ………… 大さじ2
- 水 ………… 50㎖

Memo

甘塩さけの代わりに生さけでも。その場合は、**1**で酒をふる前に塩小さじ1/6をふります。また、かじき（生さけと同様に塩をふる）でもおいしく作れます。

作り方　⏱20分　1人分205kcal

1. さけは4等分に切り、酒をふって約5分おく。だいこんはすりおろし（汁ごと使う）、葉は小口切りにする。**A**は合わせる。

2. さけの水気をペーパータオルでふき、小麦粉をまぶす。フライパンに油を温め、さけを中火で、軽く焼き色がつくまで両面を焼く（火は中まで通さなくてもよい）。

3. ペーパータオルでフライパンに出た脂をふく。**A**を加え、弱火にして約2分煮る。だいこんおろしと葉を加え、再び煮立ったら、火を止める。汁ごと器に盛る。

焼きものに

焼いた肉にこんぶつゆを直接からめれば、照り焼きに。
みりんが入っているので煮つめるときれいな照りが出ます。

とり肉の照り焼き

材料 2人分

とりもも肉	1枚（250g）
塩	小さじ1/6
酒	小さじ1
ねぎ	1/2本
サラダ油	小さじ1/2

味つけ

こんぶつゆ（p.8） … 大さじ3

作り方 🕛 15分　1人分291kcal

1. ねぎは4cm長さに切る。とり肉は塩、酒をふる。
2. フライパンに油を温め、肉を皮を下にして入れ、強めの中火で焼く。焼き色がついたら裏返し、ふたをして弱火で3〜4分焼く。
3. ペーパータオルでフライパンに出た脂をふき、ねぎを加える。こんぶつゆを肉にかけ（右写真）、ふたをして約2分煮る。ふたをとり、スプーンでたれを肉にかけながら煮つめ、火を止める。食べやすく切って器に盛り、ねぎを添える。

（味つけのコツ）

たれは肉が焼けてから加えます。最後に煮つめると、みりんの照りが出てきます。

焼きものに

こんぶつゆ+しょうがで、しょうが焼きのたれが完成。
ごはんに合うおかずがスピーディーにできあがります。

豚肉のしょうが焼き

こんぶつゆ

材料　2人分

豚肩ロース肉（しょうが焼き用）
　……………… 200g
キャベツ ……… 2〜3枚（150g）
サラダ油 …………… 大さじ1/2

味つけ
こんぶつゆ（p.8）… 大さじ4
しょうが ……… 1かけ（10g）

味つけのコツ

肉全体にたれがなじむよう、1枚ずつ広げてつけましょう。つけたれは仕上げにからめるので、捨てないように。

作り方　⏱ 20分　1人分331kcal

1. ボールにこんぶつゆを入れ、しょうがをすりおろして加える。豚肉をつけ（左写真）、約10分おく。キャベツはせん切りにし、水にさらして水気をきる。
2. フライパンに油を温め、肉の半量を広げて入れ、強めの中火で焼く。焼き色がついたら裏返し、火が通ったらとり出す。残りも同様に焼く。
3. とり出した肉をフライパンに戻し、肉をつけたたれをかける。強めの中火にし、肉にたれをからめて火を止める。器にキャベツを盛り、肉をのせる。

しょうゆがわりに

アルコール分をとばせば風味豊かなしょうゆとして使えます。
うどんのほか、冷ややっこや卵かけごはんにもどうぞ。

おろしぶっかけうどん

材料 1人分

- だいこん ……………………… 80g
- しょうが ……………… 1かけ (10g)
- 万能ねぎ ……………………… 1本
- みょうが ……………………… 1個
- すりごま (白) ……… 大さじ1/2
- すだち ……………………… 1/2個
- 冷凍うどん ………………… 1玉

味つけ

こんぶつゆ (p.8) … 大さじ2

作り方 ⏱ 10分 1人分 328kcal

1. だいこんはすりおろし、ざるにとって自然に水気をきる。しょうがはすりおろす。万能ねぎ、みょうがは小口切りにする。
2. こんぶつゆは小さめの耐熱容器に入れ、ラップをせずに電子レンジで約30秒 (500W) 加熱する (右写真)。
3. 鍋にたっぷりの湯を沸かし、うどんを表示どおりにゆでる。湯をきり、器に入れる。1をのせてごまをかけ、2を回しかける。すだちを添えてしぼり、混ぜて食べる。

味つけのコツ

こんぶつゆをそのままつゆとして使う場合は、電子レンジで加熱して酒とみりんのアルコール分をとばします。30秒をめやすに、軽く煮立てます。

炊きこみごはんに

とりごぼうの炊きこみごはん

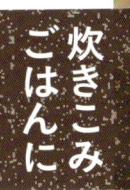

ごはんを炊くときにこんぶつゆを一緒に加えます。
食材との相性がよく、上品な味に炊きあがります。

こんぶつゆ

材料 4人分

- とりもも肉 …………… 80g
- 塩 …………………… 少々
- 酒 …………………… 小さじ1
- ごぼう ………………… 40g
- 米 ……… 米用カップ 1・1/2
  （270㎖・225g）
- 水 …………………… 270㎖

味つけ

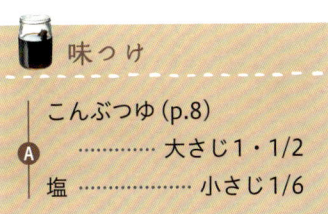

A
- こんぶつゆ(p.8) ……… 大さじ1・1/2
- 塩 …………………… 小さじ1/6

作り方 ⏱ 10分 ※米の浸水・炊飯時間は除く　1人分252kcal

1. 米はといで炊飯器に入れ、分量の水を加えて30分以上おく。
2. ごぼうはよく洗って皮をこそげ、2㎝長さのささがきにし、水にさらして水気をきる。とり肉は1㎝角に切り、塩、酒をふる。
3. 1に、Aを加えて混ぜ、2をのせてふつうに炊く。炊きあがったら、全体をさっくりと混ぜる。

15

下味に

こんぶつゆにしょうゆと酒が入っているので、下味に便利。肉にしっかりと味がつきます。

竜田揚げ

材料 2人分

- とりもも肉 ………… 1枚（250g）
- かたくり粉 ………… 大さじ3
- 揚げ油 ……………… 適量

下味
- こんぶつゆ（p.8） … 大さじ2
- しょうが ………… 1かけ（10g）

- サラダ菜 …………………… 6枚

作り方　⏱ 25分　1人分359kcal

1. しょうがはすりおろす。とり肉はひと口大に切る。ボールに肉、こんぶつゆ、しょうがを入れ、手でもんでなじませ（右写真）、約10分おく。
2. ポリ袋にかたくり粉を入れ、肉の汁気をペーパータオルでふいて加える。袋の口を閉じて振り、肉にまんべんなく粉をまぶす。
3. 揚げ油を170℃に熱し、肉を入れ、途中で返しながら、3〜4分揚げる（とり出す直前に火を強めるとカラリと揚がる）。油をきって器に盛り、サラダ菜を添える。

味つけのコツ

下味のこんぶつゆは、肉の表面にまぶすだけでなく、ギュッギュッともみこむようにします。肉に調味料がよく入り、しっかりと味がつきます。

おでん

おでんつゆに

だしをとらなくても、おでんのつゆがかんたんに作れます。
こんぶつゆの甘味を塩でひきしめるのがポイント。

こんぶつゆ

材料 2人分

- だいこん …………… 200g
- こんにゃく …… 1/2枚（125g）
- ちくわ（おでん用）……… 1本
- 油揚げ ………………… 1枚
- 切りもち …………… 1個（50g）
- さつま揚げ ……………… 2枚
- つみれ ………………… 2個

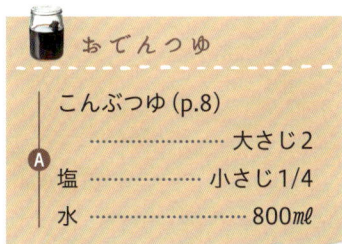

おでんつゆ

A
- こんぶつゆ(p.8) ……… 大さじ2
- 塩 ……………… 小さじ1/4
- 水 ……………… 800㎖

（好みで）練りがらし・ゆずこしょうなど ………… 各適量

Memo

こんぶつゆにうま味があるので、だしを用意しなくても、おいしいおでんや鍋のつゆが手軽にできます。p.46～51の鍋つゆレシピもどうぞ。

作り方　⏱60分　1人分291kcal

1. だいこんは3㎝厚さの輪切りにして皮をむき、下ゆでする（水から約10分ゆで、水気をきる）。鍋にAと下ゆでしただいこんを入れ、ふたをして中火にかける。煮立ったら弱火にし、約30分煮る。

2. こんにゃくは三角形4個に切り、下ゆでする（熱湯に加えてひと煮立ちさせ、水気をきる）。ちくわは斜め半分に切る。油揚げは半分に切って袋状に開く。ざるに油揚げ、さつま揚げを入れて熱湯を回しかける。もちを半分に切って油揚げに詰め、ようじで口をとめる。1に残りの具をすべて加え、弱火で約10分煮る。好みで練りがらしなどをつけて食べる。

きんぴらに

炒め煮に

野菜ひとつとたれでできる便利なおかず。
れんこんのきんぴら

あと1品ほしいときやお弁当のおかずに。
かみなりこんにゃく

材料 2人分

れんこん ……… 小1節(150g)
ごま油 ……………… 小さじ1

味つけ

A
- こんぶつゆ (p.8) …… 大さじ2
- 赤とうがらし（小口切り）
  ……………………… 1/2本

作り方 10分 1人分75kcal

1 れんこんは皮をむき、2〜3mm厚さのいちょう切りにする。水にさらして水気をきる。
2 フライパンにごま油を温め、れんこんを中火で2〜3分炒める。Aを加え、汁気がなくなるまで炒める。

Memo
れんこんの代わりに、同量のごぼうやにんじんなどでも。

材料 2人分

こんにゃく …… 1/2枚(125g)
サラダ油 …………… 小さじ1

味つけ

A
- こんぶつゆ (p.8) …… 大さじ2
- 水 ………………… 大さじ1
- 七味とうがらし ………… 少々

作り方 10分 1人分38kcal

1 こんにゃくは表面に細かく斜め格子の切り目を入れ、1.5cm角に切る。下ゆでする（熱湯に加えてひと煮立ちさせ、水気をきる）。Aは合わせる。
2 鍋に油を温め、こんにゃくを中火で約2分炒め、水気をとばす。Aを加え、強火にして約2分炒め煮にする。七味とうがらしをふって混ぜ、火を止める。

こんぶつゆ

煮ものに

こんぶつゆで煮るだけで、おいしい煮ものに。
かぼちゃの煮もの

材料 2人分

かぼちゃ ……………………… 250g

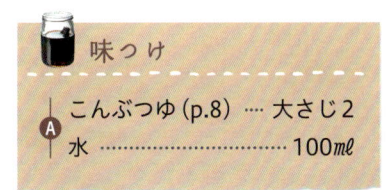

味つけ

A
| こんぶつゆ(p.8) …… 大さじ2
| 水 …………………………… 100㎖

作り方 15分　1人分117kcal

1　かぼちゃは3㎝角に切り、皮をところどころむく。

2　鍋に**1**を皮を下にして重ならないよう並べ、**A**を加える。落としぶたとふたをして中火にかけ、煮立ってから約10分、かぼちゃがやわらかくなるまで煮る。

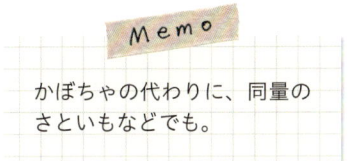

Memo
かぼちゃの代わりに、同量のさといもなどでも。

煮びたしに

うす味のつゆごとたっぷり食べられます。
小松菜の煮びたし

材料 2人分

小松菜 …………… 1/2束(150g)
油揚げ ……………………… 1枚

味つけ

A
| こんぶつゆ(p.8) …… 大さじ2
| 塩 …………………………… 少々
| 水 …………………………… 200㎖

作り方 10分　1人分66kcal

1　小松菜は根元を落として4㎝長さに切り、葉と茎に分ける。油揚げはざるに入れて熱湯を回しかけ、縦半分に切って7～8㎜幅に切る。

2　鍋に**A**と油揚げを入れて強火にかけ、煮立ったら中火にして1～2分煮る。小松菜を茎、葉の順に加え、しんなりしたら火を止める。汁ごと器に盛る。

＊温かいままでも、さめてもおいしい。

あえものに

こんぶつゆとチーズが、意外にマッチ。
ブロッコリーのチーズあえ

材料 2人分

ブロッコリー … 小1株(150g)
クリームチーズ
　………… 個包装1個(15g)

味つけ

こんぶつゆ(p.8) … 小さじ2

作り方　🕐 10分　1人分 47kcal

1. ブロッコリーは小房に分ける。茎は皮をむいて2〜3cm長さのたんざく切りにする。合わせて耐熱容器に入れ、ラップをして電子レンジで約1分30秒(500W)加熱する。クリームチーズは粗くきざむ。
2. ブロッコリーが熱いうちに、こんぶつゆ、チーズを加えてあえる。

＊温かいままでも、さめてもおいしい。

漬けものに

漬けものがちょっとほしいときに。
きゅうりのポリポリ漬け

材料 2人分

きゅうり ……………… 1本

味つけ

こんぶつゆ(p.8)
　……… 大さじ1・1/2
赤とうがらし ……… 1/2本

作り方　🕐 5分 ※漬ける時間は除く
　1人分 16kcal

1. きゅうりは小さめの乱切りにする。とうがらしは半分に切り、種を除く。
2. 厚手のポリ袋にすべての材料を入れて口をとじ、30分以上おく。

＊冷蔵で1〜2日保存できる。

Memo
きゅうりの代わりに、同量のセロリなどでも。

汁ものに

こんぶつゆ

こんぶつゆに漬けたこんぶを加えると、うま味が出ます。
けんちん風根菜スープ

材料 2人分

だいこん	50g
にんじん	20g
ごぼう	20g
しいたけ	2個
厚揚げ	100g
こんぶつゆ(p.8)のこんぶ	1/2枚

味つけ

水 …………………… 300ml
A こんぶつゆ(p.8) …… 大さじ1
　塩 ………………… 小さじ1/4

(好みで)七味とうがらし
　…………………… 少々

作り方 15分　1人分101kcal

1 だいこん、にんじんは3cm長さの厚めのたんざく切りにする。ごぼうはよく洗って皮をこそげ、縦半分に切って斜め薄切りにし、水にさらして水気をきる。しいたけは石づきをとり、5mm幅に切る。厚揚げは5mm幅に食べやすく切る。こんぶは5mm幅に切る(右写真)。

2 鍋に分量の水と1を入れて強火にかける。煮立ったらアクをとり、ふたをして弱火で7〜8分煮る。Aを加え、煮立ったら火を止める。器に盛り、好みで七味とうがらしをふる。

味つけのコツ

たれにつけたこんぶも食べられます。きざんで汁ものや煮ものに加えるとうま味のもとに。すべりやすいのでキッチンばさみで切るとよい。

味つけだれ活用術 1

お弁当のおかずに

「味つけだれ」はお弁当作りに大活躍。
「1品たりない！」
そんなときは、冷蔵庫にある食材をたれでパパッと味つけ。
あれこれ調味料を用意しなくても、すぐにおかずが完成します。

「こんぶつゆ」で 竜田揚げ

こんぶつゆ (p.8) で下味をつけたしっかり味の竜田揚げ。さめてもおいしく仕上がります（作り方はp.16）。

「こんぶつゆ」で ピーマンのじゃこ炒め

野菜＋こんぶつゆで、早ワザ1品。

材料　4食分

ピーマン … 3個
ちりめんじゃこ … 大さじ2
こんぶつゆ (p.8) … 大さじ1
サラダ油 … 小さじ1

作り方　5分　1食分29kcal

1. ピーマンは種とへたをとり、縦に7～8mm幅に切る。
2. フライパンに油を温め、**1**を中火で炒める。油がまわったら、ちりめんじゃこ、こんぶつゆを加えて炒め、汁気がなくなったら火を止める。

＊冷蔵庫で2～3日保存できる。

「こんぶつゆ」で 卵焼き

さめてもおいしい、しっかり味。

材料　2食分

卵 … 2個
A ≪水 … 大さじ2
　　こんぶつゆ (p.8) … 大さじ1/2≫
サラダ油 … 適量

作り方　10分　1食分86kcal

1. 卵を割りほぐし、**A**を加えて混ぜる。
2. 卵焼き器に油を薄くひいて温め、**1**を2～3回に分けて加えながら、卵焼きを焼く。あら熱がとれたら、食べやすく切る。

「焼き肉だれ」で
焼き肉だれを使うと、
味にメリハリがつけられます。

いんげんの甘から炒め

材料 4食分

さやいんげん…100g
Ⓐ≪水…大さじ1
焼き肉だれ（p.86）…小さじ2≫
サラダ油…小さじ1

作り方 5分　1食分17kcal

1 さやいんげんはへたを切り落とし、長さを半分に切る。Ⓐは合わせる。
2 フライパンに油を温め、いんげんを中火で炒める。油がまわったら、Ⓐを加えてふたをし、弱火で約2分蒸し煮にする。ふたをとり、汁気をとばして火を止める。

＊冷蔵庫で2～3日保存できる。

「ごまだれ」で
時間がたってもおいしい、
コクのあるごまマヨ風味。

ベーグルのごまツナサンド

材料 2個分

ツナ缶詰（ノンオイル）…小1/2缶（40g）
Ⓐ≪ごまだれ（p.76）…大さじ1
マヨネーズ…大さじ1/2≫
紫たまねぎ（またはたまねぎ）…30g
きゅうり…1/2本　ベーグル…2個

作り方 5分　1個分246kcal

1 ツナは汁気をきり、Ⓐを混ぜ合わせる。たまねぎは薄切りにし、水にさらして水気をきる。きゅうりは斜め薄切りにする。
2 ベーグルを横半分に切り、1をのせてはさむ。

「香味みそだれ」で
みそだれのこっくり味がごはんにぴったり。

たけのこのみそ炒め

材料 4食分

ゆでたけのこ…150g　サラダ油…小さじ1
香味みそだれ（p.24）…大さじ2

作り方 5分　1食分35kcal

1 たけのこは穂先を7～8mm幅のくし形に、根元を5mm幅のいちょう切りにする。
2 フライパンに油を温め、1を中火で2～3分炒める。香味みそだれを加えて炒め、汁気をとばして火を止める。　＊冷蔵庫で2～3日保存できる。

「レモンぽん酢」で
まろやかなので和風のお弁当にも◎。

パプリカのマリネ

材料 4食分

パプリカ…大1個（150g）　Ⓐ≪レモンぽん酢（p.52）
…小さじ2　オリーブ油…小さじ1≫

作り方 15分　※漬ける時間は除く
　　　　1食分17kcal

1 パプリカは種とへたをとり、縦4つに切る。グリルを温め、パプリカを皮を上にして入れ、約10分、皮が黒くなるまで焼く。さっと水にくぐらせ、皮をむく。縦1cm幅に切る。
2 ボールにⒶを合わせ、1をつけて10分以上おく。
＊冷蔵庫で2～3日保存できる。

23

味つけだれ ❷

たれひとつで"コクうま"味に
香味みそだれ

混ぜるだけ

超特急でごはんを作りたい！　そんなときには、みその量を計ったり、
のばしたりといったことが、ひと手間かもしれません。
香味野菜を料理のたびに少量ずつきざむのも、ちょっぴりめんどう。
でも、このみそだれがあれば、調理がぐっとスムーズです。
みそのコクにしょうがとにんにくの風味が加わり、
たれひとつで、味がしっかり決まります。
和風おかずはもちろん、中華おかずの味つけにも使えます。

保存期間

冷蔵庫で約1週間

香味みそだれ

> 香味野菜が風味のもと

材料 （できあがり量：約120ml）

- 砂糖 ……………… 大さじ2
- みそ ……………… 大さじ4 (65g)
- 酒 ………………… 大さじ2
- しょうゆ ………… 大さじ2
- [しょうが …… 1かけ (10g)
- [にんにく ……… 1片 (10g)

作り方

① しょうが、にんにくはみじん切りにする。

② 保存容器に材料を順に加え、そのつどよく混ぜ合わせる。
  ▶使うときは、よく混ぜて計量する。

使い方あれこれ

焼きおにぎりに

焼くと香ばしさが出るので、こんな使い方も。おにぎりをオーブントースターで2～3分焼いてから、香味みそだれを上面に塗り、こんがりするまでさらに焼きます。おにぎり1個（茶碗に軽く1杯程度）なら、香味みそだれ大さじ1/2がめやす。

焼きものに

肉に香味みそだれをからめたボリュームおかず。
おかずの味つけに迷ったときの強い味方です。

とり肉のみそくわ焼き

材料 2人分

- とりもも肉 ………… 1枚（250g）
- 小麦粉 ………………… 大さじ1
- ししとうがらし ………………… 4本
- 塩 ………………………………… 少々
- サラダ油 … 小さじ1＋大さじ1

味つけ

香味みそだれ (p.24)
………………………… 大さじ3

作り方　⏱ 15分　1人分384kcal

1. ししとうはへたの先を切り落とし、包丁で切り目を1か所入れる。とり肉は大きめのひと口大のそぎ切りにし、小麦粉をまぶす。
2. フライパンに油小さじ1を温め、ししとうを中火でさっと焼く。とり出し、塩をふる。
3. フライパンに油大さじ1をたし、肉を中火で焼く。焼き色がついたら裏返し、ふたをして弱火で2～3分焼く。ふたをとり、香味みそだれをかける（右写真）。肉にたれをからめて、火を止める。器に盛り、ししとうを添える。

味つけのコツ

とり肉に火を通してから、たれを加えます。肉を数回裏返して、たれをなじませます。

煮魚に | 香味みそだれ

"さばみそ"は、このたれがあればぐっとかんたん。
香味野菜がくさみをおさえ、まろやかに仕上がります。

さばのコクうまみそ煮

材料 2人分

生さば ……… 2切れ（200g）

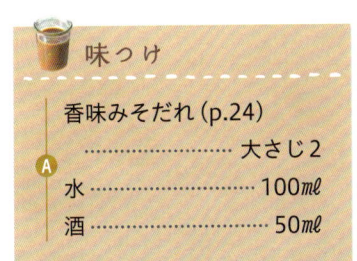

味つけ

A
- 香味みそだれ（p.24）
　………… 大さじ2
- 水 ………… 100㎖
- 酒 ………… 50㎖

作り方　⏱ 15分　1人分223kcal

1. さばは皮に切り目を入れる。
2. 鍋にAを合わせて強火にかけ、煮立ったら、さばを皮を上にして入れる（左写真）。
3. 再び煮立ったらアクをとり、ふたをずらしてのせる。中火にして7〜8分、煮汁が少なくなるまで煮る。

味つけのコツ

煮汁は香味みそだれに水と酒を加えるだけ。煮汁を完全に煮立たせてからさばを加えると、表面が早く固まり、うま味をのがしません。

麻婆に

中華風の味つけに使いやすいのがみそだれのいいところ。
ラー油で辛味をプラスすれば、お手軽麻婆だれに変身します。

かんたん麻婆どうふ（マーボー）

材料 2人分

とうふ（もめん）……1丁（300g）
豚ひき肉……………………100g
ねぎ………………………… 7cm
サラダ油………………… 小さじ1

味つけ

A
　香味みそだれ（p.24）
　………………… 大さじ2
　かたくり粉……… 小さじ2
　水………………… 100ml

ラー油……………………… 適量

作り方　⏱ 10分　1人分286kcal

1. とうふはペーパータオルで包んで耐熱皿にのせ、電子レンジで約2分（500W）加熱して水きりをし、1.5cm角に切る。ねぎはあらみじんに切る。Ⓐはよく混ぜ合わせる（右写真）。

2. フライパンにサラダ油を温め、ひき肉を中火で炒める。肉の色が変わったら、Ⓐをひと混ぜしてから加え、とうふを加える。混ぜながらとろみがつくまで煮る（煮立ってから2〜3分）。

3. ねぎを加えてひと混ぜし、火を止める。器に盛り、ラー油を回しかける。

味つけのコツ

かたくり粉は、香味みそだれに混ぜて一緒に加えるので、水溶きかたくり粉を作るひと手間が省けます。粉が器の底に沈みやすいので、加える直前にもひと混ぜします。

炒めものに

香味みそだれ

おなじみの野菜炒めも、香味みそだれがあればレベルアップ！
しっかり味で風味が引きたち、ごはんがすすみます。

回鍋肉風豚キャベツ炒め
(ホイコーロー)

材料 2人分

- 豚ロース肉（薄切り）……… 100g
- かたくり粉 ………… 小さじ1
- キャベツ ……… 3〜4枚（200g）
- ピーマン ………………… 1個
- サラダ油 ………… 大さじ1/2

味つけ

- 香味みそだれ (p.24)
  …………… 大さじ2
- 赤とうがらし ………… 1本

Memo

にんじんやもやしなどほかの野菜を加えても。子ども向けや辛さがにが手な人は、赤とうがらしを省いてください。

作り方　🕐 10分　1人分 221kcal

1. キャベツは4〜5cm角に切る。ピーマンは種とへたをとり、長さを半分に切って1cm幅に切る。とうがらしは半分に切り、種を除く。豚肉は4cm長さに切り、かたくり粉をまぶす。
2. フライパンに油ととうがらしを入れて温め、肉を強めの中火で炒める。肉の色が変わったら、キャベツとピーマンを加え、1〜2分炒める。
3. 香味みそだれを加えて全体になじませ、火を止める。

焼き魚に

焼き魚の仕上げに、たれをさっとひと塗り。
淡泊なさわらの風味に、濃厚なみそだれがよく合います。

さわらのみそ焼き

材料 2人分

さわら	2切れ（200g）
塩	少々
酒	小さじ2

味つけ

香味みそだれ(p.24) ………… 大さじ1

甘酢しょうが ………… 20g

作り方 20分 1人分 198kcal

1. さわらは塩、酒をふって約10分おき、ペーパータオルで水気をふく。
2. グリルを温め、さわらを皮を上にして3〜4分焼く。裏返してさらに3〜4分焼き、火を通す。
3. 盛りつけるときに表になる面に、香味みそだれをスプーンで塗る（右写真）。さらに約1分焼き、軽く焼き色をつける。器に盛り、甘酢しょうがを添える。

味つけのコツ

香味みそだれはこげやすいので、塗るタイミングがポイント。さわらに火を完全に通してから塗り、あとは乾かす程度に軽く焼きます。

みそ漬けに

豚肉のみそ漬け

合わせみそを用意しなくても、たれをそのまま塗るだけ。
しょうがやにんにくの風味も移り、一石二鳥。

香味みそだれ

材料 2人分

- 豚肩ロース肉（とんカツ用） ……… 2枚（200g）
- サラダ油 ………… 小さじ1

味つけ

- 香味みそだれ（p.24） ………… 大さじ3
- すだち ………… 1個

味つけのコツ

半量の香味みそだれを肉の大きさに合わせてラップに塗り広げ、肉を置いて表面に残りのみそだれを塗るとかんたん。ラップでぴったりと包みます。

作り方 🕐 10分 ※漬ける時間は除く　1人分295kcal

1. 豚肉は筋を切り、両面に香味みそだれを塗り（左写真）、ラップで包む。冷蔵庫で半日〜2日間おく。

   ＊冷凍も可。ラップで包んだまま保存袋に入れて冷凍し、食べるときは冷蔵庫に移して自然解凍する。

2. ラップをとり、みそだれをスプーンなどで軽く落とす。フライパンに油を温め、肉を中火で約1分焼く。焼き色がついたら裏返し、ふたをして弱火で4〜5分焼く。食べやすく切って器に盛る。すだちを半分に切って添え、しぼって食べる。

31

めんのつゆに

キムチ鍋風のつゆに香味みそだれが活躍。
うま味を補い、キムチの辛さをまろやかにしてくれます。

キムチみそ煮こみうどん

材料　2人分

はくさいキムチ	200g
豚こま切れ肉	100g
しめじ	1パック(100g)
にら	1/2束(50g)
ごま油	大さじ1
冷凍うどん	2玉

味つけ

水	600ml
A 香味みそだれ (p.24)	大さじ2

作り方　15分　1人分537kcal

1 しめじは根元を落とし、小房に分ける。にらは3〜4cm長さに切る。キムチは4cm長さに切る。豚肉は大きいものはひと口大に切る。

2 鍋にごま油を温め、肉を中火で炒める。肉の色が変わったらキムチを加え、さらに1〜2分、香ばしくなるまで炒める。

3 Aを加え、煮立ったらうどんを凍ったまま加える。ふたをして再び煮立ったら、約1分煮る。しめじ、にらを加え、ふたをしてさらに1〜2分煮る。

Memo

うどんの代わりにごはんを入れて雑炊にしたり、とうふを入れてチゲ風にしたりもできます。

肉みそに

香味みそだれ

たれの風味をいかした、絶品の肉みそ。
めんやごはん、野菜にかけるなど、使い勝手がよく重宝します。

肉みそめん

材料　2人分

豚ひき肉	160g
ねぎ	1/2本
ゆでたけのこ	40g
サラダ油	大さじ1/2
ごま油	大さじ1/2

味つけ

- 香味みそだれ (p.24) …… 大さじ3
- A 中華スープの素 …… 小さじ1/2
- 水 …… 50mℓ
- 豆板醤(トウバンジャン) …… 小さじ1/2～1

きゅうり	1本
ねぎ（白い部分）	5cm
中華めん（生）	2玉

Memo

肉みそは冷蔵で4～5日保存できます。温めてレタスなどで包んで食べてもおいしい。ごはんのとも や、おにぎりの具にもどうぞ。

作り方　⏱ 20分　1人分604kcal

1. 肉みそを作る。ねぎ1/2本はみじん切りに、たけのこはあらみじんに切る。Aは合わせる。フライパンにサラダ油を温め、ねぎを中火で炒める。しんなりしたらひき肉を加え、強めの中火でポロポロになるまで炒める。たけのこ、豆板醤を加えてさっと炒め、Aを加えて中火で混ぜながら煮つめる。汁気がなくなったら、ごま油を鍋肌から回し入れて混ぜ、火を止める。

2. きゅうりは5cm長さの斜め薄切りにして、細切りにする。ねぎの白い部分はせん切りにする。めんを表示どおりにゆで、ざるにとって流水でもみ洗いする。めんに熱湯を回しかけ、水気をきる。器にめんときゅうりを盛って1をかけ、ねぎをのせる。混ぜて食べる。

炒めものに

煮ものに

たれで炒めるだけで、さっと完成。
なすのみそ炒め

みそと相性のよいゆずを加えて、香りよく。
さといものゆずみそ煮

材料 2人分

なす 2個 (150g)
サラダ油 大さじ2

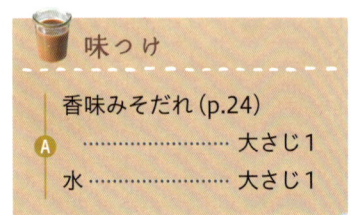

味つけ

A
香味みそだれ (p.24)
　................... 大さじ1
水 大さじ1

(好みで)七味とうがらし
　........................... 少々

作り方 ⏱ 5分　1人分 150kcal

1 なすはへたをとり、2〜3cm大の乱切りにする。Ⓐは合わせる。

2 フライパンに油を温め、なすを中火で2〜3分炒める。焼き色がついて少ししんなりしたらⒶを加え、全体にからめて火を止める。器に盛り、好みで七味とうがらしをふる。

材料 2人分

さといも 4個 (280g)
ゆずの皮 .... 少々

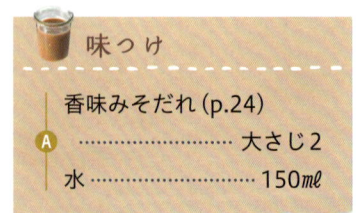

味つけ

A
香味みそだれ (p.24)
　................... 大さじ2
水 150mℓ

作り方 ⏱ 25分　1人分 96kcal

1 さといもは皮をむき、3cm大に切る。ゆずの皮はせん切りにする。

2 鍋にⒶを合わせ、さといもを入れる。落としぶたをして火にかけ、煮立ったら弱めの中火にして、鍋のふたをずらしてのせる。さといもがやわらかくなるまで約20分煮る(途中で1〜2回鍋をゆすり、煮汁を全体にまわす)。

3 煮汁が少し残るくらいで火を止める。ゆずの皮を加え、ひと混ぜする。

ソースに

香味みそだれ

焼きものに

適度にとろみがあるのでソースにしても◎。
とり肉ときゅうりの みそごまソース

たれを塗って焼くだけの、かんたん1品。
とうふ田楽

材料 2人分

とりむね肉 ……… 1枚（200g）
塩 …… 小さじ1/4
酒 ……… 大さじ1
きゅうり …… 1/2本

ソース
A
香味みそだれ（p.24）
……………… 大さじ1
すりごま（白）… 小さじ1

作り方 ⏱ 15分　1人分218kcal

1 とり肉は皮のところどころをフォークで刺す。耐熱皿にのせて塩、酒をふる。ラップをふんわりかけ、電子レンジで約3分（500W）加熱し、裏返してさらに約2分加熱する。ラップをしたままあら熱をとる。

2 きゅうりは3mm幅の斜め薄切りにして、細切りにする。肉を手でさき（皮は包丁で細く切る）、きゅうりとともに器に盛る。Aを混ぜてかける。

Memo
たれと合わせるすりごまは黒ごまでも。白ごまならまろやかに、黒ごまならごまの風味がより濃厚に出ます。

材料 2人分

とうふ（もめん）………… 200g
竹串 ……………………… 4本

味つけ
香味みそだれ（p.24）… 大さじ1

（好みで）一味とうがらし・粉ざんしょうなど ………… 各少々

作り方 ⏱ 10分　1人分88kcal

1 とうふはペーパータオルで包んで耐熱皿にのせ、電子レンジで約1分（500W）加熱して水きりをする。1.5cm厚さに切る。

2 アルミホイルにとうふを並べ、オーブントースターで薄く色づくまで焼く。裏返して上面に香味みそだれを塗り、同様に焼く。竹串に刺し、器に盛る。好みで一味とうがらしなどをふる。

味つけだれ ❸

炒めもの上手になれる
ねぎ塩だれ

レンジ加熱

「シンプルな塩味が、なかなかうまくできない」
そんな声を聞いて考えたのが、塩にねぎとごま油を合わせたこのたれ。
塩だけで味つけしようとすると、どこかものたりない味になったり
塩からくなったりしてしまいますが、
このたれを使えば、"おいしい"塩味が失敗なく出せます。
炒めものやあえものなど、料理の味つけはもちろん、
調理油として使うだけでも、風味がよくなります。

保存期間

冷蔵庫で約1週間

ねぎ塩だれ

材料 （できあがり量：約200㎖）

ねぎ（白い部分）
　　　……………… 1/2本（60g）
塩 ……………………… 大さじ1/2
ごま油 ………………………… 150㎖

作り方

① ねぎはみじん切りにして、深めの耐熱容器＊に入れる。塩を加えてもみこみ、約5分おく。

　＊油の加熱により高温になるため、耐熱ガラス製など耐熱温度の高いものを使う。

② ごま油を加えてよく混ぜる。ラップをせずに、電子レンジで約2分（500W）加熱する。

　▶油が高温になるため、とり出すときはやけどに注意。
　さめてからふたをして、冷蔵保存。
　使うときは、よく混ぜて計量する。

塩とねぎをもんでよくなじませます

使い方あれこれ

刺身のたれに

ねぎ塩だれは魚介との相性がよく、刺身につけてもおいしい。魚介のくさみをおさえ、まろやかに食べられます。刺身のいかと野菜を合わせた「いかと春菊のサラダ（p.44）」もおすすめ。

37

炒めものに

ねぎ塩だれがあれば、炒めもの上手に。
加えるだけで、いい味が出せます。

ゴーヤチャンプルー

材料　2人分

ゴーヤ ………… 中1本（200g）
スパム（ランチョンミート）
　………………………… 130g
卵 ………………………… 1個
サラダ油 …… 小さじ1+小さじ2

味つけ

ねぎ塩だれ（p.36）‥ 大さじ2
黒こしょう ……………… 少々

作り方　⏱10分　1人分270kcal

1. ゴーヤは縦半分に切ってスプーンで種とわたをとり、3〜4mm厚さに切る。スパムはたんざく切りにする。卵はときほぐす。
2. フライパンに油小さじ1を温め、中火でスパムの両面をこんがりと焼き、とり出す。フライパンに油小さじ2をたし、ゴーヤを強めの中火で約2分炒める。ねぎ塩だれを加えて混ぜる（右写真）。
3. 2にスパムを戻してひと混ぜし、具をフライパンの中央に寄せる。卵をフライパンのふちに回し入れ、ふんわりしたら全体にからめて火を止める。黒こしょうをふる。

味つけのコツ

ねぎ塩だれは野菜炒めに便利。ごま油が野菜にまわり、香りよく色つやもよくなります。強めの火加減で手早く炒めるのがコツ。

炒めものに

ねぎ塩だれをえびの下味にも使います。
味がしっかりとつき、食感もよくなります。

えびとセロリの塩炒め

ねぎ塩だれ

材料 2人分

- むきえび ……………… 160g
- セロリ ………………… 1本
- サラダ油 ……………… 小さじ1

下味
A
- ねぎ塩だれ (p.36) ……… 小さじ1
- 酒 …………………… 小さじ1

味つけ
- ねぎ塩だれ (p.36) ……… 大さじ1・1/2

味つけのコツ

ねぎ塩だれは、えびやいかなど魚介類の下味に使えます。ねぎの風味で生ぐさみがとれ、表面をごま油がコーティングするので、魚介がプリッとした食感に。

作り方 ⏱ 10分 1人分 171kcal

1. セロリは筋をとり、4～5cm長さの斜め薄切りにする。
2. えびは背わたをとり、水で洗ってペーパータオルで水気をふく。ボールにえび、Aを入れ（左写真）、手でよくもみこむ。
3. フライパンに油を温め、えびを強めの中火で約1分炒める。セロリを加えて中火で約1分炒め、ねぎ塩だれ大さじ1・1/2を加えてひと混ぜし、火を止める。

蒸しもの に

ねぎ塩だれをかけて、フライパンで蒸し焼きに。
1品で野菜も食べられ、忙しいときに活躍します。

たらのフライパン蒸し

材料　2人分

生たら	2切れ (200g)
塩	少々
酒	小さじ2
キャベツ	2～3枚 (150g)
しめじ	1パック (100g)
サラダ油	小さじ1

味つけ

ねぎ塩だれ (p.36) …… 大さじ1/2 + 大さじ2
黒こしょう …… 少々

作り方　15分　1人分229kcal

1. たらは塩、酒をふって約5分おき、ペーパータオルで水気をふく。キャベツは5～6cm角に切る。しめじは根元を落とし、小房に分ける。

2. フライパンに油を温め、キャベツ、しめじを入れて、ねぎ塩だれ大さじ1/2を加え、全体にたれをからめる。たらを野菜の上にのせてねぎ塩だれ大さじ2をかけ、黒こしょうをふる。

3. ふたをして中火で蒸し焼きにする。煮立ってきたら弱火にし、さらに約5分加熱する。

Memo

生たらの代わりに甘塩たらでも。その場合は、1でつける下味の塩少々を省きます。たらの代わりにさけやたいなどでも。

炒めものに

肉と野菜にたれがからんで、しっかりと味がつきます。
絶妙の塩加減とうま味が出せるのは、このたれならでは。

牛肉とブロッコリーの塩炒め

ねぎ塩だれ

材料　2人分

牛もも肉(薄切り) ……… 150g
A ┃ 塩 ………………… 小さじ1/6
　┃ 酒 ………………… 小さじ1
　┃ かたくり粉 ……… 小さじ2
ブロッコリー ……… 1株(200g)
サラダ油 …………… 大さじ1/2

味つけ

ねぎ塩だれ(p.36)‥大さじ2

Memo
肉にかたくり粉をまぶすひと手間で、ねぎ塩だれがよくからみ、口あたりがよくなります。

作り方　⏱10分　1人分305kcal

1. 牛肉は4cm長さに切り、Aを順にもみこむ。
2. ブロッコリーは小房に分け、茎は皮をむいて3cm長さ、4～5mm幅に切る。耐熱皿に並べ、ラップをかけ電子レンジで約1分30秒(500W)加熱する。
3. フライパンに油を温め、肉を中火で炒める。肉の色が変わったら、ブロッコリーとねぎ塩だれを加え、さっと炒め合わせて火を止める。

チャーハンに

炒め油にもねぎ塩だれを使うと、香ばしさが違います。
ごま油とねぎが香り、シンプルながら絶品のチャーハンに。

焼き豚とレタスのチャーハン

材料　2人分

焼き豚（薄切り）	60g
レタス	3枚（80g）
温かいごはん	300g

味つけ

ねぎ塩だれ（p.36）
　　　　　大さじ1＋大さじ1
こしょう　　　　　　少々

作り方　⏱ 10分　1人分 396kcal

1. レタスは小さめのひと口大に切る。焼き豚は6〜7mm角に切る。
2. フライパンにねぎ塩だれ大さじ1を温め（右写真）、焼き豚を中火で約1分炒める。
3. ごはんを加えてねぎ塩だれ大さじ1を回しかけ、ほぐしながら炒める。全体に油がまわったら、レタスを加え、さっと炒めて火を止める。こしょうをふり、ひと混ぜする。

味つけのコツ

ねぎ塩だれは炒め油にも使えます。ねぎの香味が手軽にプラスできるので便利。

焼きそばに

ソース味とはひと味違う、塩味のさっぱり焼きそば。
少ない具材でも、おいしく仕上がります。

豚肉とにらの塩焼きそば

ねぎ塩だれ

材料 2人分

- 豚こま切れ肉 …………… 150g
- A
  - 塩 ………………………… 少々
  - 酒 …………………… 小さじ1
- にら ………………………… 70g
- 焼きそば用めん ………… 2玉
- サラダ油 …………… 大さじ1

味つけ

- ねぎ塩だれ (p.36) ‥ 大さじ2
- 塩・こしょう ………… 各少々

Memo

ねぎ塩だれに塩気があるので、そのあとの味つけはややひかえめに。味をみてから加えます。

作り方　10分　1人分 682kcal

1. にらは4cm長さに切る。豚肉はAをまぶす。焼きそば用めんは、袋に切りこみを入れ、電子レンジで約1分 (500W) 加熱する。
2. フライパンに油を温め、豚肉を中火で炒める。肉の色が変わったら、めんを加え、ほぐしながら約1分炒める。
3. ねぎ塩だれとにらを加え、さらに約1分炒める。味をみて塩、こしょうで味をととのえ、火を止める。

あえものに

サラダに

みずみずしさが引きたち、新鮮な味わいに。
たこときゅうりのあえもの

刺身と生野菜をたれがまろやかにつなぎます。
いかと春菊のサラダ

材料 2人分

ゆでだこ（刺身用）............ 80g
きゅうり 1本

味つけ
ねぎ塩だれ（p.36）.. 大さじ1

作り方 5分　1人分81kcal

1　きゅうりは2〜3cm大の乱切りにする。たこは5mm厚さに切る。
2　1をねぎ塩だれであえる。

材料 2人分

いか（刺身用）.................. 100g
春菊 .... 1/2束（100g）

味つけ
ねぎ塩だれ（p.36）.. 大さじ2

作り方 5分　1人分143kcal

1　春菊は葉をつみ、水にさらして、水気をきる。いかは表面に浅く斜め格子の切り目を入れ、4〜5cm長さの細切りにする。
2　器に春菊といかを盛り、ねぎ塩だれをかける。食べる直前に混ぜる。

Memo

いかのほか、ほたてやまぐろの刺身でも作れます。

ナムルに

汁ものに

ねぎ塩だれ

すりごまをプラスして、即席ナムルに。
にんじんナムル

ごま油のおいしい香りがふんわり。
わかめスープ

材料　2人分

にんじん ………… 1/2本（100g）

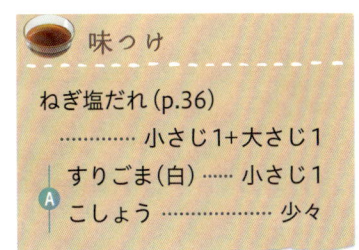

味つけ

ねぎ塩だれ（p.36）
　………… 小さじ1＋大さじ1
A｜ すりごま（白） …… 小さじ1
　｜ こしょう ……………… 少々

作り方　⏱ 5分　1人分81kcal

1. にんじんは4cm長さの斜め薄切りにしてから、せん切りにする。
2. 耐熱容器ににんじん、ねぎ塩だれ小さじ1を入れて混ぜ、ラップをして電子レンジで約1分30秒（500W）加熱する。
3. 熱いうちにねぎ塩だれ大さじ1とAを加え、よく混ぜる。

材料　2人分

カットわかめ（乾燥） ………… 大さじ1
ねぎ …………………………………… 5cm
いりごま（白） ………… 小さじ1/2

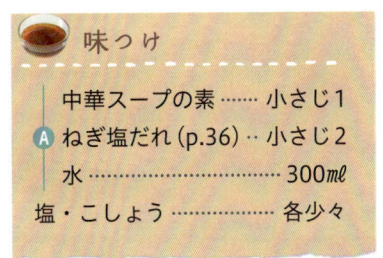

味つけ

　｜ 中華スープの素 …… 小さじ1
A｜ ねぎ塩だれ（p.36）… 小さじ2
　｜ 水 ………………………… 300mℓ
塩・こしょう ………………… 各少々

作り方　⏱ 5分　1人分40kcal

1. ねぎは小口切りにする。
2. 鍋にAを合わせて火にかけ、沸騰したら、わかめ、ねぎを加える。再び煮立ったら、火を止め、塩、こしょうで味をととのえる。器に盛り、ごまを散らす。

45

味つけだれ活用術 2

鍋つゆに

栄養バランスがよくて準備もかんたん、いいことづくめの鍋もの。
でも忙しい日にだしをとるのはひと手間です。
また、いつも同じ味つけだとマンネリになってしまうことも。
そんなときは、味つけだれを「鍋つゆのもと」に活用するのがおすすめ。
定番鍋から変わり鍋まで、楽しい5つの鍋を紹介します。

こんぶつゆで とりだんご鍋

こんぶつゆを水でうすめるだけで、オールマイティな和風の鍋つゆに。だしを用意せずに作れるので、手軽に鍋ものが楽しめます。

材料 2人分

A
- とりひき肉 ………… 120g
- とうふ（もめん）…… 100g
- みそ ………………… 小さじ2

- ねぎ ……………………… 1/2本
- 水菜 …………………… 1束(200g)

＜鍋つゆ＞
- こんぶつゆ(p.8)‥大さじ3
- 水 …………………… 500㎖

作り方 15分 1人分 191kcal

1 ねぎは4～5㎝長さの斜め切りにする。水菜は4～5㎝長さに切る。
2 ボールにAを入れ、ねばりが出るまで手でよく混ぜる。
3 鍋に鍋つゆの材料を入れて火にかけ、煮立ったらAをスプーンですくって落とし入れる。アクが出たらとり、ふたをして2～3分煮る。ねぎ、水菜を順に加えて2～3分煮る。

こんぶつゆで 豆乳鍋

豆乳をこんぶつゆで味つけすると、まろやかでやさしい味わいに。
ちょっぴり塩をたすことで味がしまり、バランスがよくなります。

材料 2人分

豚ロース肉 (しゃぶしゃぶ用)* ……………………………… 150g
春菊 ……………………… 1/2束 (80g)
しめじ …………………… 1パック (100g)

<鍋つゆ>
A
| 豆乳** ……………………… 200ml
| 水 …………………………… 200ml
| こんぶつゆ (p.8) …… 大さじ2
| 塩 …………………………… 小さじ1/6

* 肉はほかの部位でも。しゃぶしゃぶ用の薄切り肉が火の通りが早く作りやすい。
** 豆乳は調製タイプ、無調整タイプどちらでも可。飲みきり用の小パックで市販されているものを活用しても。

作り方　15分　1人分266kcal

1. 春菊は4〜5cm長さに切る。しめじは根元を落とし、小房に分ける。豚肉は長さを半分に切る。
2. 鍋にAを入れて弱火にかけ、温まったら肉を入れる。肉の色が変わったら、春菊、しめじを加えてさっと煮る(豆乳は煮立たせると分離するので、弱火で加熱する)。

さけのみそバター鍋

「香味みそだれ」で

みそだれと相性のよい食材どうしを組み合わせたコクのある鍋。
たれは最後に加え、みその風味と香味野菜の香りをいかします。

材料 2人分

生さけ	2切れ（200g）
じゃがいも	1個（150g）
エリンギ	1パック（100g）
キャベツ	1〜2枚（100g）
コーン缶詰（ホール）	50g

<鍋つゆ>
- 香味みそだれ（p.24） …… 大さじ3
- 水 …… 400mℓ
- バター …… 5g

作り方 20分　1人分276kcal

1. じゃがいもは洗って皮つきのままラップをせずに、電子レンジで3〜4分（500W）、竹串がすっと通るくらいまで加熱する。皮をむき（熱いので注意）、4等分に切る。エリンギはたんざく切りにする。キャベツはひと口大に切る。さけは3等分に切る。

2. 鍋に分量の水と、じゃがいも、エリンギ、キャベツを入れ、ふたをして火にかける。煮立ったらさけを加え、火が通ったらアクをとり、香味みそだれを加えてひと煮立ちさせる。コーン、バターをのせ、混ぜて食べる。

「ねぎ塩だれ」で レタスと豚肉の塩しゃぶしゃぶ

ねぎとごま油の風味が楽しめる、変わりしゃぶしゃぶ。
具はあえてシンプルに。

材料 2人分

豚ロース肉（しゃぶしゃぶ用）
　……………………… 150g
レタス ………… 2/3個(200g)

<鍋つゆ>
ねぎ塩だれ (p.36) …… 大さじ3
黒こしょう ………………… 少々
A ┌ 水 …………………… 400mℓ
　└ 酒 …………………… 50mℓ

作り方　⏱ 10分　1人分278kcal

1　レタスは4等分のくし形に切る。豚肉は長さを半分に切る。
2　鍋にAを合わせて火にかけ、沸騰したらねぎ塩だれ、黒こしょうを加える。豚肉とレタスをくぐらせ、火を通して食べる。

＊つゆにねぎ塩だれの味がついているので、まずはそのままどうぞ。途中で、ぽん酢しょうゆをつけながら食べると、目先が変わります。

「トマトソース」でブイヤベース風トマト鍋

トマトソースのさわやかな酸味が、魚介のうま味に合います。
おいしいスープごと、たっぷりどうぞ。

材料 2人分

生たら ………… 2切れ（200g）
塩 ………………… 小さじ1/6
酒 ………………… 小さじ1
あさり（砂抜きずみ）…… 200g
たまねぎ ……… 1/2個（100g）
かぶ ……………… 小2個（140g）
クレソン ………… 1束（50g）

<鍋つゆ>
A トマトソース（p.62）……… 150g
　水 …………………………… 300ml

作り方 15分 1人分 172kcal

1 たらはひと口大に切り、塩、酒をふって約5分おく。あさりは殻をこすり合わせて洗う。たまねぎ、かぶは2cm幅のくし形に切る。クレソンは4～5cm長さに切る。

2 鍋にA、たまねぎ、かぶを入れ、ふたをして火にかける。煮立ったらたらを加え、再び煮立ったらアクをとり、あさりを加える。あさりの口が開いたら、クレソンを加えてさっと煮る。

味つけだれ ❹

香りのよさは手作りならでは
レモンぽん酢

> 混ぜるだけ

ぽん酢しょうゆは買うもの、と思っていませんか？
手作りすると、風味が格段によいことに、きっとびっくりするはず。
ここでは一年中手に入りやすいレモンで作っていますが、
ほかの柑橘でも作れます。
香りが豊かで、料理に使うと酸味がまろやかでツンとしません。
ぽん酢しょうゆとして、かけたりあえたりする以外にも、
煮ものの味つけやかくし味に活用できます。

保存期間

冷蔵庫で約1週間

レモンぽん酢

材料 （できあがり量：約120mℓ）

砂糖 ………………… 大さじ1
しょうゆ …………… 大さじ4
酢 …………………… 大さじ2
レモンのしぼり汁＊
　……… 大さじ2（約1個分）

＊レモンの代わりに、ほかの柑橘を使っても。右写真は上から時計まわりに、ゆず、かぼす、すだち。

レモンの代わりに旬の柑橘でも

作り方

① すべての材料を保存容器に入れ、よく混ぜ合わせる。

使い方あれこれ

湯どうふ・鍋ものに

鍋ものが多くなる季節は、ぜひ手作りのぽん酢しょうゆをおともに。シンプルな湯どうふなら、レモンぽん酢の香りのよさが一段と際だちます。

かけだれに

さっとゆでた肉と野菜にレモンぽん酢をかけるだけ。
手作りぽん酢ならではのさわやかな風味が引きたちます。

ゆで豚とはくさいのぽん酢がけ

材料　2人分

- 豚ロース肉（しゃぶしゃぶ用） 150g
- はくさい 200g
- 水 600㎖
- 酒 大さじ1/2
- 塩 小さじ1/2

味つけ

レモンぽん酢(p.52) 大さじ2

作り方　⏱10分　1人分223kcal

1. はくさいは4〜5cm角に切り、葉先と葉元に分ける。豚肉は長さを半分に切る。
2. 鍋に分量の水を入れて火にかけ、沸騰したら酒、塩を加える。はくさいを葉元、葉先の順に加え、約2分ゆでる。ざるにとって水気をきり、器に盛る。
3. 同じ湯に豚肉を入れ、肉の色が変わったら、ざるにとって水気をきり、はくさいの上に盛る。レモンぽん酢を回しかける。

Memo

温しゃぶや冷しゃぶは手軽でうれしいおかず。かけだれにはレモンぽん酢をどうぞ。材料はほかにも、牛肉や、もやし、チンゲンサイなどで作ってもおいしい。

かけだれに

レモンぽん酢に香味野菜とごま油を加えて中華風ソースにアレンジ。
揚げたとり肉にかければ、ごちそう感のあるおかずが完成！

油淋鶏（ユーリンチー）

レモンぽん酢

材料　2人分

- とりもも肉 ……… 1枚（200g）
- 塩 ……………… 小さじ1/6
- 酒 ……………… 大さじ1/2
- かたくり粉 ……… 大さじ1
- 揚げ油 …………… 適量
- レタス ………… 1〜2枚（50g）

ソース
- レモンぽん酢（p.52）
  …………… 大さじ1・1/2
- ねぎ ……………… 10cm
- しょうが ……… 小1かけ（5g）
- ごま油 ………… 小さじ1/2

味つけのコツ

このソースは味に変化をつけたいときに便利。生野菜や冷ややっこにかけたり、左ページのようなゆでた肉や野菜にかけたりしてもおいしい。

作り方　⏱20分　1人分272kcal

1. とり肉は半分に切り、身の厚いところに包丁で切りこみを入れて開き、塩、酒をふる。レタスは7〜8mm幅の細切りにする。ソースのねぎ、しょうがはみじん切りにし、ソースの材料を混ぜ合わせる（左写真）。
2. 肉の汁気をふき、かたくり粉をまぶす。揚げ油を160℃に熱し、肉を入れ、4〜5分揚げる（途中で裏返す）。
3. 器にレタスを盛り、2を食べやすく切ってのせる。ソースをかける。

煮魚に

レモンの風味が魚のくさみをおさえます。
脂ののったいわしも、ほどよくさっぱり仕上がります。

いわしのぽん酢煮

材料 2人分

- いわし .... 小4尾（300g）
- しょうが .... 1かけ（10g）
- かいわれだいこん 1パック

味つけ

A
- レモンぽん酢（p.52）
  .... 大さじ2
- 酒 大さじ2
- みりん 大さじ1
- 水 .... 50㎖

作り方 25分 1人分196kcal

1. いわしはうろこをとって頭を切り落とし、内臓を除く。
   ＊この下処理は、買うときに店で頼んでも。
2. しょうがは薄切りにする。かいわれは根元を落とし、ざるに入れて熱湯をかける。
3. 鍋にAを合わせて火にかけ、煮立ったら、いわし、しょうがを加える。再び煮立ったら弱めの中火にし、時々いわしに煮汁をかけながら（右写真）、約15分煮る（ふたはしない）。器に盛り、かいわれを添える。

味つけのコツ

スプーンで煮汁をすくい、いわしの表面にかけながら煮ます。表側の身にも味がなじみます。

酢豚に

レモンぽん酢にトマトケチャップを加えて酢豚のあんに。
思いたったときに、身近な材料で作ることができます。

かんたん酢豚

レモンぽん酢

材料　2人分

- 豚もも肉(かたまり) …… 150g
- 塩 …………………… 少々
- 酒 …………………… 小さじ1
- かたくり粉 ……… 大さじ1/2
- A
  - たまねぎ ……… 1/4個(50g)
  - ゆでたけのこ ……… 100g
  - しいたけ ……………… 2個
  - ピーマン ……………… 1個
- サラダ油 …………… 小さじ2

酢豚のあん

- B
  - レモンぽん酢(p.52)
    ……………… 大さじ1・1/2
  - トマトケチャップ
    ……………… 大さじ1・1/2
  - スープの素 …… 小さじ1/2
  - かたくり粉 ……… 小さじ1
  - 水 …………………… 50mℓ

味つけのコツ

酢豚のあん(B)は、最初に合わせておくとスムーズ。かたくり粉が器の底に沈むので、加える直前にもひと混ぜします。

作り方　⏱15分　1人分245kcal

1. 豚肉は1cm厚さのひと口大に切り、塩、酒をふる。Aはひと口大に切る。Bは合わせる。
2. 肉にかたくり粉をまぶす。フライパンに油小さじ1を温め、肉の両面を中火で2〜3分ずつ焼き、とり出す。
3. フライパンに油小さじ1をたし、Aを中火で1〜2分炒める。肉をフライパンに戻し、Bをひと混ぜしてから加える(左写真)。強めの中火にし、混ぜながら煮て、とろみがついたら火を止める。

南蛮漬けに

レモンぽん酢を水でうすめて、漬けだれに。
南蛮漬けは作りおきができるので、忙しいときにも便利。

野菜の南蛮漬け

材料 2人分

なす	2個（150g）
かぼちゃ	80g
さやいんげん	4本
サラダ油	大さじ1・1/2

漬けだれ

A
- レモンぽん酢（p.52） …… 大さじ2
- 水 …… 大さじ1
- 赤とうがらし（小口切り） …… 1/2本

Memo
作りたてでも、冷蔵庫で冷やして食べてもおいしい。冷蔵で2〜3日保存できます。

作り方　⏱ 20分　※さます時間は除く　1人分150kcal

1. なすはへたを落として縦半分に切り、皮に斜め格子の切り目を入れる。かぼちゃは5〜6cm長さ、5mm厚さに切る。いんげんはへたを切り落とし、4cm長さに切る。保存容器やボールにAを合わせる。

2. フライパンに油大さじ1を温め、なすを弱めの中火で7〜8分、時々返しながら、しんなりするまで焼く。熱いうちにAにつける。

3. フライパンに油大さじ1/2をたし、かぼちゃ、いんげんを弱火で4〜5分焼く。焼けたものから、熱いうちに2に加える。そのままさまし、味をなじませる。

めんのつゆに

めんのつゆやスープのアクセントにレモンぽん酢をプラス。
ひとさじ加えるだけで、さわやかな香りが立ちます。

レモンぽん酢

酸辣湯麺
（サンラータンメン）

材料 2人分

豚ロース肉（薄切り）	30g
ゆでたけのこ	30g
にんじん	20g
しいたけ	2個
卵	1個
そうめん	2束（100g）

つゆ

A	水	400ml
	スープの素	小さじ1/2
	塩	少々
B	かたくり粉	小さじ2
	水	大さじ1
	レモンぽん酢（p.52）	大さじ1
	ラー油	適量

味つけのコツ

レモンぽん酢は風味と酸味がとばないよう、火を止めてから最後に加えます。

作り方　⏱ 20分　1人分285kcal

1. たけのこ、にんじんは3cm長さの細切りにする。しいたけは石づきをとり、5mm幅に切る。豚肉は5mm幅に切る。Bは合わせる。
2. 鍋にたっぷりの湯を沸かし、そうめんを表示どおりにゆでる。ざるにとって水気をきり、器に入れる。
3. 鍋にA、1の肉と野菜を入れて火にかけ、煮立ったらアクをとり、弱火で2〜3分煮る。Bをひと混ぜしてから加え、混ぜてとろみをつける。卵をほぐして流し入れ、ひと混ぜして火を止め、レモンぽん酢を加える（左写真）。2にそそぎ、ラー油をかけて食べる。

あえものに

酢のものがまろやかに仕上がります。
きゅうりとしらすの酢のもの

| 材料 | 2人分 |

きゅうり ……………………… 1本
塩 …………………… 小さじ1/4
しらす干し …………… 大さじ2

味つけ
レモンぽん酢 (p.52) … 大さじ1/2

作り方　⏱ 10分　1人分 17kcal

1　きゅうりは小口切りにし、塩をまぶす。約5分おき、水気をしぼる。しらすはざるに入れて熱湯をかけ、水気をきる。
2　1をレモンぽん酢であえる。

あえものに

サラダ感覚で食べられる、さっぱり味。
ひじきのさっぱりあえ

| 材料 | 2人分 |

芽ひじき（乾燥）……………… 10g
えのきだけ … 1/2パック (50g)

味つけ
A｜レモンぽん酢 (p.52) ‥ 大さじ1
　｜練りわさび ………… 小さじ1/4

作り方　⏱ 15分　※さます時間は除く
　　　　　　1人分 20kcal

1　ひじきは洗い、たっぷりの水に約10分つけてもどし、水気をきる。えのきは根元を落とし、長さを半分に切ってほぐす。ボールにⒶを合わせる。
2　鍋にたっぷりの湯を沸かし、ひじきとえのきをゆでる。ひと煮立ちしたらざるにとり、水気をきる。熱いうちにⒶに加えてあえる。そのままさまし、味をなじませる。

あえものに　　　　　　　　　　　　　　サラダに　　　　　レモンぽん酢

長いもとオクラをあえて、さっぱりと。　　　油をたすだけで、ドレッシングになります。

ねばねば野菜の
ぽん酢あえ

トマトとたまねぎの
和風サラダ

材料 2人分

長いも	100g
オクラ	3本
みょうが	1個

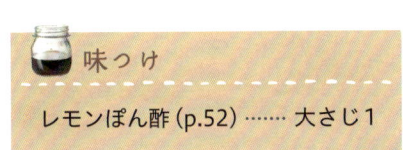

味つけ

レモンぽん酢（p.52） …… 大さじ1

作り方 5分　1人分39kcal

1 長いもは皮をむき、5mm角に切る。オクラ、みょうがは小口切りにする。オクラはざるに入れ、熱湯を回しかける。
2 1をレモンぽん酢であえる。

Memo

冷ややっこにのせたり、そうめんにかけたりして食べるとおいしい。温かいごはんにたっぷりかけても。

材料 2人分

トマト	1個
たまねぎ	1/4個（50g）
しその葉	5枚

ドレッシング

レモンぽん酢（p.52） …… 大さじ1
サラダ油 …… 大さじ1/2

作り方 5分　1人分57kcal

1 たまねぎは薄切りに、しそはせん切りにし、それぞれ水にさらして水気をきる。トマトは縦半分に切り、へたを除いて7〜8mmの薄切りにする。
2 トマトとたまねぎを器に盛り、ドレッシングの材料を混ぜ合わせて、かける。しそをのせる。

Memo

ドレッシングの油は、ごま油や、p.74のようにオリーブ油に代えてもおいしい。油の量はぽん酢の半量と覚えておくと便利です。

味つけだれ ❺

フライパンも鍋もいらない
トマトソース

レンジ加熱

洋風のおかずに便利なトマトソース。
でも、じっくりたまねぎを炒めて、時間をかけて煮こむのは案外大変……。
そんなときの救世主、電子レンジで作れるトマトソースを紹介します。
耐熱の保存容器で作ればそのまま保存でき、洗いものも少なくすみます。
調味料で下味をつけているので、
煮こみやパスタのソースに使うと、バランスのよい味に。
ひと工夫すれば、えびチリなどの中華テイストにもアレンジできます。

保存期間

冷蔵庫で約1週間

トマトソース

材料 （できあがり量：約400g）

トマト水煮（カットタイプ）
　………………… 1缶（400g）
たまねぎ ………… 1/4個（50g）
にんにく ………… 1片（10g）
オリーブ油 …… 大さじ1・1/2

A
　白ワイン ……………… 50㎖
　スープの素 ……… 小さじ2
　砂糖 …………… 小さじ1/2
　塩 ……………… 小さじ1/3
　こしょう ………………… 少々

> 炒める代わりに
> レンジで加熱

作り方

① たまねぎ、にんにくはみじん切りにする。深めの耐熱容器＊に入れ、オリーブ油を加えて混ぜる。ラップをせずに、電子レンジで約3分（500W）加熱する。

　＊油の加熱により高温になるため、耐熱ガラス製など耐熱温度の高いものを使う。

② トマト水煮、Aを加えて混ぜる。ふんわりとラップをして、レンジで約5分加熱する。ラップをはずして全体を混ぜる。

　▶さめてからふたをして、冷蔵保存。使うときは、よく混ぜて計量する。

使い方あれこれ

ケチャップ代わりに

トマトケチャップでは甘いなと思うときに、代わりにどうぞ。卵料理に合い、オムレツやスクランブルエッグにそのままかけるだけでおいしい。

煮こみに

トマトソースと野菜の水分だけで蒸し煮に。
じっくり煮こんだような味わいが、手軽に出せます。

とり肉とキャベツの蒸し煮

材料　2人分

とり手羽元	6本 (360g)
塩・こしょう	各少々
キャベツ	3〜4枚 (200g)
たまねぎ	1/2個 (100g)
サラダ油	小さじ1

味つけ

トマトソース (p.62) ……………………… 200g

作り方　⏱ 30分　1人分 344kcal

1. 手羽元は塩、こしょうをふる。キャベツは4〜5cm角に、たまねぎは7〜8mm幅の薄切りにする。
2. フライパンに油を温め、手羽元を強めの中火で焼き、全面に焼き色をつける（火は中まで通さなくてもよい）。ペーパータオルでフライパンに出た脂をふく。
3. たまねぎ、キャベツ、トマトソースを加える（右写真）。ふたをして、弱めの中火で約20分蒸し煮にする（途中で1〜2回全体を混ぜる）。

味つけのコツ

トマトソースはうすめずに加え、ふたをして煮ていきます。煮ている間にキャベツとたまねぎから水分が出てきて、ほどよくなります。

煮こみに

トマトソースはあじのような青魚にぴったり。
たまねぎの甘味と白ワインがおいしく仕上げてくれます。

あじのトマト煮

材料 2人分

- あじ（三枚におろしたもの）＊ ………… 2尾分（170g）
- 塩 …………… 小さじ1/6
- こしょう …………… 少々
- ズッキーニ ……… 1/2本（75g）
- セロリ ………… 1/3本（30g）

＊あじの三枚おろしは、買うときに店で頼んでも。

味つけ

A
- トマトソース（p.62） ………… 100g
- 水 ………… 100mℓ

味つけのコツ

ここではさらりと仕上げるため、トマトソースを水でのばして煮汁にしています。煮汁を煮立たせてから魚を加えるとくさみがおさえられます。

作り方 15分 1人分 142kcal

1. あじは小骨を抜き、塩、こしょうをふる。
2. ズッキーニは縦半分にして、4cm長さの薄切りにする。セロリは筋をとり、繊維にそって4cm長さの薄切りにする。
3. 深めのフライパンに A を合わせて火にかけ、煮立ったら、あじと 2 を加える（左写真）。再び煮立ったらふたをして、中火で約5分煮る。

トマトソース

パスタに

野菜のみじん切りも、じっくり炒める手間も、省略！
食べたいときに、パパッとミートソースが作れます。

ミートソーススパゲティ

材料 2人分

ミートソース

A
- 合いびき肉 …………… 100g
- トマトソース（p.62）
  …………… 100g
- 水 …………… 大さじ1
- 砂糖 …………… 小さじ1/2
- 塩 …………… 小さじ1/4
- こしょう …………… 少々
- オリーブ油 …………… 小さじ1

- スパゲティ …………… 160g
- 湯 …………… 1.5ℓ
- 塩 …………… 小さじ2

作り方　⏱ 20分　1人分 475kcal

1. 小さめの鍋にオリーブ油を温め、ひき肉を中火で炒める。ポロポロになったらⒶを加えて混ぜる。煮立ったら、ふたをずらしてのせ、弱火にして4〜5分煮る。
2. 別の鍋に分量の湯を沸かして塩小さじ2を加え、スパゲティを表示どおりにゆでる。
3. スパゲティの湯をきり、器に盛る。ミートソースをかけ、からめて食べる。

パスタに

トマトソース

生クリームと合わせれば、コクのあるパスタソースになります。
トマトソースにしっかり風味があるので、味がぼけません。

さけとアスパラのトマトクリームパスタ

材料 2人分

- 生さけ ……………… 1切れ (100g)
- 塩・こしょう ………… 各少々
- 小麦粉 …………… 大さじ1/2
- グリーンアスパラガス …… 3本
- オリーブ油 …………… 小さじ1

トマトクリームソース
- Ⓐ トマトソース (p.62) …………… 100g
- 生クリーム …………… 50㎖

- スパゲティ …………… 160g
- 湯 …………………… 1.5ℓ
- 塩 …………………… 小さじ2

Memo
風味は変わりますが、生クリームの代わりに同量の牛乳でも作れます。生クリームよりもとろみが少なく、あっさりした仕上がりになります。

作り方　⏱ 20分　1人分549kcal

1. アスパラガスは根元のかたい皮をむき、3㎝長さの斜め切りにする。さけは皮と骨を除き、1㎝厚さのそぎ切りにする。塩・こしょう各少々をふり、小麦粉をまぶす。Ⓐは合わせる。

2. 鍋に分量の湯を沸かして塩小さじ2を加え、スパゲティを表示どおりにゆでる。ゆであがる2分前にアスパラガスを加え、合わせてざるにとり、湯をきる。

3. フライパンにオリーブ油を温め、さけを中火で焼き、両面に軽く焼き色をつける。ペーパータオルでフライパンに出た脂をふく。Ⓐを加え、煮立ったら火を止める。2を加え、混ぜてからめる。

ソテーに

ポークソテー

ソースにしょうゆをプラスすると風味が増し、豚肉と好相性。
トマトソースの酸味が、肉の脂っぽさをやわらげます。

材料　2人分

- 豚ロース肉（とんカツ用）……… 2枚（200g）
- 塩・こしょう ………… 各少々
- 小麦粉 …………… 大さじ1/2
- ブロッコリー …… 1/2株（80g）
- 水 ………………… 大さじ1
- 塩 ………………… 少々
- マッシュルーム（水煮・薄切り） ………………… 50g
- サラダ油 ………… 小さじ1・1/2

味つけ

A
- トマトソース（p.62）………………… 100g
- 水 ………………… 大さじ1
- しょうゆ ………… 小さじ1

味つけのコツ

最初はゆるめのソース。これをとろりとするまで煮つめていくと、ぐっとコクが出ます。

作り方　⏱20分　1人分350kcal

1. 豚肉は筋を切り、塩・こしょう各少々をふり、小麦粉をまぶす。ブロッコリーは小房に分ける。マッシュルームは汁気をきる。Aは合わせる。
2. フライパンに油小さじ1/2を温め、中火でブロッコリーをさっと炒める。水大さじ1、塩少々を加えてふたをし、弱火で1～2分蒸し焼きにして、とり出す。
3. フライパンに油小さじ1をたし、肉を強めの中火で焼く。焼き色がついたら裏返し、弱火で3～4分焼く。
4. ペーパータオルでフライパンに出た脂をふき、マッシュルーム、Aを加える。ソースを肉にからめながら（右写真）、1～2分煮つめる。器に盛り、ブロッコリーを添える。

チリソースに

辛味をたして、中華のおかずに使えるチリソースにアレンジ。
トマトの自然な風味で、甘すぎずヘルシーなおいしさです。

トマトえびチリ

トマトソース

材料　2人分

- えび(無頭・殻つき) …… 200g
- 塩 …………………… 少々
- 酒 ……………… 小さじ1
- かたくり粉 ……… 小さじ1
- サラダ油 ………… 大さじ1/2

トマトチリソース
- ねぎ ………………… 5cm
- しょうが …… 小1かけ(5g)
- トマトソース(p.62)
  ………………… 大さじ4
- かたくり粉 ……… 小さじ1
- 豆板醤(トウバンジャン) … 小さじ1/4
- しょうゆ ………… 小さじ1
- 水 …………………… 50ml

Memo
豆板醤は辛みが強いので、量は好みで調節してください。子ども向けなら豆板醤を省き、砂糖小さじ1/2を加えてもよいでしょう。

作り方　⏱15分　1人分141kcal

1. えびは殻をむいて背わたをとり、塩、酒をふる。ねぎ、しょうがはそれぞれみじん切りにし、トマトチリソースのほかの材料と混ぜ合わせる。
2. えびにかたくり粉小さじ1をまぶす。フライパンに油を温め、えびを中火で1〜2分炒めて火を通し、とり出す。
3. フライパンにトマトチリソースを入れ、混ぜながら中火にかける。とろみがついたらえびをフライパンに戻し、からめて火を止める。

ハッシュドビーフに

ウスターソースをプラスすれば、ドミグラスソース風に。
手軽なのに、驚くほど味わい深いソースになります。

ハッシュドビーフ

材料 2人分

牛肩ロース肉（薄切り）… 150g
塩 …………………… 小さじ1/8
こしょう ………………… 少々
小麦粉 ……………… 大さじ1
たまねぎ ……… 1/2個（100g）
マッシュルーム …………… 50g
バター …………………… 10g
温かいごはん …………… 300g

味つけ

A｜ トマトソース (p.62)
　　……………………… 50g
　｜ ウスターソース
　　………………… 大さじ1・1/2
　｜ 水 ……………… 100ml
塩・こしょう ………… 各少々

作り方　⏱ 15分　1人分597kcal

1. 牛肉は4～5cm長さに切り、塩、こしょう、小麦粉をまぶす。たまねぎは薄切りに、マッシュルームは石づきをとり、5mm幅に切る。Aは合わせる。

2. フライパンにバターを温めて溶かし、たまねぎを中火でしんなりするまで炒める。肉を加えて炒め、肉の色が変わったら、マッシュルームを加えてさっと炒める。

3. Aを加え、中火で2～3分煮る。塩・こしょう各少々で味をととのえ、火を止める。ごはんを器に盛り、ハッシュドビーフをかける。

リゾットに

トマトソースの味わいを生かしたシンプルなリゾットです。まな板や包丁を使う手間もいりません。

トマトリゾット

材料 2人分

- 米 …………… 米用カップ1/2（90㎖・75g）
- オリーブ油 …………… 小さじ1

味つけ

- A
  - 熱湯 …………… 300㎖
  - スープの素 …… 小さじ1
- トマトソース（p.62）… 100g
- 粉チーズ …………… 大さじ1
- 黒こしょう …………… 少々

Memo

ごはんでも作れます。温かいごはん約150gをさっと洗い、水気をきって鍋に入れ、熱湯100㎖、トマトソース100g、スープの素小さじ1を加えてひと煮立ちさせます。火を止め、粉チーズを加えて仕上げます。

作り方 ⏱ 20分　1人分210kcal

1. ボールなどにAを合わせ、スープの素を溶かす。さめないよう、ふたなどをしておく。
2. 厚手の鍋にオリーブ油を温め、米（洗わない）を中火で1～2分炒める。米が透き通ってきたら、Aを米がひたるくらいまで加える。時々木べらで軽く混ぜながら、弱火で約15分煮る（途中で、米の表面が出ないように、残りのAを3～4回に分けて加える。ふたはしない）。
3. トマトソースを加えて1～2分煮、粉チーズを加えて混ぜる。火を止めて器に盛り、黒こしょうをふる。

71

スープに

少しずつ残った野菜をおいしく活用できます。
ミネストローネ

サラダに

ポテトサラダを、ひと味変えてトマト風味に。
トマトポテサラ

材料　2人分

キャベツ
　………… 小1枚（50g）
たまねぎ… 1/4個（50g）
にんじん ……………… 30g
ベーコン …… 1枚（20g）
ミックスビーンズ（水煮）
　…………………… 50g

A
味つけ
トマトソース（p.62）
　………………… 100g
水 …………… 300ml
塩・こしょう…各少々

作り方　⏱15分　1人分 137kcal

1. キャベツ、たまねぎは1cm角に切り、にんじんは2〜3mm厚さのいちょう切りにする。ベーコンは1cm角に切る。ミックスビーンズは汁気をきる。
2. 鍋に1と**A**を入れて火にかけ、煮立ったらアクをとる。ふたをして、弱火で約5分煮る。塩、こしょうで味をととのえる。

Memo
セロリやマッシュルーム、じゃがいもなども合います。ショートパスタを一緒に煮こんでも。

材料　2人分

じゃがいも
　… 大1個（200g）
塩 …………… 少々
酢 ……… 小さじ1
きゅうり …… 1/2本
たまねぎ ……… 30g
塩 …… 小さじ1/8

A

B
味つけ
トマトソース（p.62）
　……… 大さじ1・1/2
マヨネーズ…大さじ1
塩・こしょう… 各少々

作り方　⏱20分　※さます時間は除く
1人分 127kcal

1. じゃがいもは洗って皮つきのままラップをせずに、電子レンジで3分（500W）加熱する。裏返し、竹串がすっと通るまで、さらに約2分加熱する。皮をむき（熱いので注意）、2cm角に切る。ボールに入れ、フォークで軽くつぶす。熱いうちに**A**を加えて混ぜ、さます。
2. きゅうりは小口切りに、たまねぎは薄切りにして、合わせて塩小さじ1/8をふる。約5分おいて水気をしぼる。
3. 1に2を加え、**B**であえる。

トーストに / トマトソース

トマトソースと具をのせて焼くだけ。朝ごはんにもぴったり！

ピザトースト

材料 1人分

食パン（6枚切り）……………1枚
ピーマン………………小1/2個
ピザ用チーズ
　………………大さじ2(20g)
（好みで）タバスコ…………少々

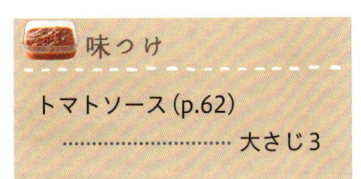

味つけ

トマトソース(p.62)
　………………………大さじ3

Memo

のせる具は、たまねぎの薄切りやゆで卵の輪切り、ハム、コーンやツナの缶詰などでも。冷蔵庫にある食材でためしてみてください。

作り方 🕐 10分　1人分 276kcal

1　ピーマンは端から薄い輪切りにし、種を除く。
2　パンにトマトソースを塗り、ピーマン、チーズをのせる。オーブントースターでチーズが溶けるまで焼く。好みでタバスコをふる。

味つけだれ活用術 3

ドレッシング＆ディップに

サラダのおとものドレッシングやディップ。
でも、そのつどいろいろな調味料を少しずつ混ぜ合わせるのは
大変という声も。そんなときは味つけだれをアレンジしてみましょう。
たれは調味料がバランスよく配合されているので、ドレッシングやディップ向き。
「味つけだれ＋1つの調味料」を混ぜ合わせるだけで作れます。

「レモンぽん酢」で
オリーブ油の風味が合います。

ぽん酢ドレッシング

材料 2人分

レモンぽん酢(p.52) …… 大さじ2
オリーブ油 ………………… 大さじ1

1人分 73kcal

「ねぎ塩だれ」で
酢を加えてさっぱり仕上げます。

ねぎ塩ドレッシング

材料 2人分

ねぎ塩だれ(p.36) …… 大さじ1
酢 ………………………… 大さじ1

1人分 46kcal

グリーンサラダ

材料（2人分）と作り方
レタス40gは食べやすくちぎる。ミニトマト4個は半分に切る。ベビーリーフ15gと合わせて器に盛り、好みのドレッシングをかけて食べる。

「ごまだれ」で濃厚な風味で、生野菜と相性がいい。

ごまソースディップ

材料 2人分

ごまだれ(p.76) …… 大さじ1
中濃ソース* ………… 大さじ1
*ウスターソースでも。

1人分 44kcal

「香味みそだれ」でみそだれの香味がほどよくマイルドに。

みそマヨディップ

材料 2人分

香味みそだれ(p.24)
 ……………………… 大さじ1
マヨネーズ ………… 小さじ2

1人分 30kcal

「トマトソース」でまろやかでクリーミー。ほのかな酸味がおいしい。

トマトヨーグルトディップ

材料 2人分

トマトソース(p.62) 大さじ2
プレーンヨーグルト … 大さじ1

1人分 17kcal

野菜スティックと生キャベツ

材料と作り方

きゅうり、セロリ、にんじん各適量をスティック状に切る。キャベツ適量はひと口大に切る。器に盛り、好みのディップをつけて食べる。

じゃがいもとパプリカのレンジ蒸し

材料(2人分)と作り方

じゃがいも1個(150g)は皮をむいて7〜8mm厚さの半月切りにし、水にさらして水気をきる。パプリカ70gはひと口大に切る。耐熱皿にいもを並べ、水大さじ1/2をふり、ラップをして電子レンジで約2分(500W)加熱する。パプリカを加え、さらに約1分30秒加熱する。好みのディップをつけて食べる。

75

味つけだれ ❻

甘すぎないから使いやすい
ごまだれ

混ぜるだけ

市販のごまだれは便利だけれど、使いきれずに残ってしまう……。
そんな経験はありませんか？
手作りなら、必要な分だけ作れます。
食べ飽きないよう甘さをひかえめにしてみたら、
いろいろな料理に使いまわせる便利なごまだれができました。
たれの味を生かしたあえものはもちろん、
炒めものなどに少しコクをプラスしたいときにもどうぞ。

保存期間

冷蔵庫で約1週間

ごまだれ

材料 （できあがり量：約80mℓ）

砂糖 ………………………… 大さじ1
練りごま ………… 大さじ3（42g）
しょうゆ ………… 大さじ1・1/2
酒 …………………… 大さじ1・1/2

作り方

① 保存容器に材料を順に加え、そのつどよく混ぜ合わせる。

甘さひかえめでアレンジしやすい

使い方あれこれ

しゃぶしゃぶ・鍋ものに

しゃぶしゃぶや鍋もののつけだれとして使えます。たれ自体にとろみがありますが、冷蔵しているとややかたくなります。その場合は室温にもどしてから、よく混ぜて使います。

蒸しものに

ごまだれをかけて電子レンジで加熱するだけ。
さけにごまのコクと甘味が加わります。

さけのごまだれ蒸し

材料 2人分

生さけ*	2切れ (200g)
塩	小さじ1/6
酒	大さじ1/2
たまねぎ	1/2個 (100g)
まいたけ	1パック (100g)

味つけ

ごまだれ (p.76) …… 大さじ2

＊さけは甘塩さけでも。その場合は下味の塩は省く。

作り方　15分　1人分221kcal

1. さけに塩、酒をふり、約5分おく。たまねぎは繊維を断ち切る方向に1cm幅に切る。まいたけは根元を落とし、小房に分ける。
2. さけの水気をペーパータオルでふく。耐熱皿にたまねぎを広げてのせ、さけとまいたけを上にのせる。さけにごまだれをかける（右写真）。
3. ラップをして、電子レンジで約5分（500W）をめやすに、さけに火が通るまで加熱する。

＊1人分ずつ作ることもできる。その場合は、電子レンジで約3分（500W）をめやすに加熱する。

味つけのコツ

さけ1切れに大さじ1のごまだれをかけます。加熱している間に、たまねぎとまいたけから水分が出るので、ごまだれはうすめずそのままかければOK。

炒めものに

炒めものの味つけに使うと、ごまの香ばしさが出ます。
さっぱりしたとりむね肉に、ごまだれの濃厚な風味が合います。

とり肉とほうれんそうの ごまだれ炒め

ごまだれ

材料 2人分

とりむね肉	1枚 (200g)
塩	小さじ1/6
酒	小さじ1
かたくり粉	大さじ1/2
ほうれんそう	1/2束 (150g)
サラダ油	大さじ1/2

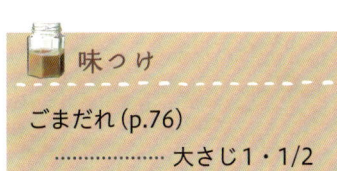

味つけ

ごまだれ (p.76) ……… 大さじ1・1/2

味つけのコツ

ごまだれはむね肉のような淡泊な食材に合います。ほうれんそうもごまとの相性がよい食材です。

作り方 15分　1人分291kcal

1. ほうれんそうは熱湯でゆで、水にとって水気をしぼる。4cm長さに切る。
2. とり肉はひと口大のそぎ切りにし、塩、酒をふり、かたくり粉をまぶす。
3. フライパンに油を温め、肉の両面を中火で2〜3分ずつ焼き、火を通す。ほうれんそうを加えてざっと混ぜ、ごまだれを加える（左写真）。全体にからめ、火を止める。

刺身に

ごまだれとしょうゆを刺身にからめるだけ。
高級感のあるお茶漬けが手軽に自宅で楽しめます。

たい茶漬け

材料 2人分

たい（刺身用さく）………… 100g

味つけ

A
- ごまだれ(p.76) ………… 大さじ2
- しょうゆ ……… 大さじ1/2

だし* ………………………… 300㎖
三つ葉 ………………………… 4本
きざみのり …………………… 適量
（好みで）練りわさび ……… 少々
温かいごはん ……………… 300g

*だしはけずりがつおでとったものを使用。市販のだしの素を使う場合は、表示通りにうすめて使う。

作り方　⏱ 15分　1人分 425kcal

1. たいはひと口大のそぎ切りにする。ボールにAを入れて混ぜ合わせ、たいを入れてからめ、約10分おく。だしは温める。
2. 三つ葉は2㎝長さに切る。器にごはんを盛り、たい、三つ葉をのせて、だしをかける。のりをのせ、好みでわさびを添える。

Memo

買ってきた刺身をごまだれとしょうゆであえるだけで酒肴(しゅこう)に。まぐろなどもごまだれに合い、そのままつまんだり、温かいごはんにのせたりしてもおいしい。

冷やし中華

酢、砂糖を混ぜれば冷やし中華に欠かせないごまだれソースに。
すっきりした甘さで食べ飽きません。

ごまだれ

材料	2人分
とりささみ	2本(100g)
塩	少々
酒	大さじ1/2
きゅうり	1/2本
トマト	1/2個
中華生めん	2玉

冷やし中華のごまだれ

A
- ごまだれ (p.76) … 大さじ3
- 酢 … 大さじ1・1/2
- 砂糖 … 小さじ1/2

味つけのコツ

ごまだれ・酢を2：1の割合で合わせます。また、砂糖を加えるとまろやかになります。溶け残らないよう、よく混ぜます。

作り方　20分　※たれを冷やす時間は除く　1人分496kcal

1 Aは混ぜ合わせ(左写真)、冷やしておく。ささみは筋があればとり、繊維にそって切りこみを1～2か所に入れ、耐熱皿にのせて塩、酒をふる。ラップをして電子レンジで約2分(500W)加熱する。ラップをしたまま冷まし、あら熱がとれたら、手で細くさく。きゅうりは斜め薄切りにして細切りに、トマトは薄切りにする。

2 めんは表示通りにゆで、ざるにとって流水でもみ洗いし、水気をきる。器にめん、ささみ、きゅうり、トマトを盛り、Aをかける。

81

あえものに

かけだれに

酸味との相性がよく、さっぱり仕上がります。
キャベツのごま酢あえ

野菜にかけるだけ。「あと1品」に便利です。
蒸しなす

材料 2人分

キャベツ …………… 150g

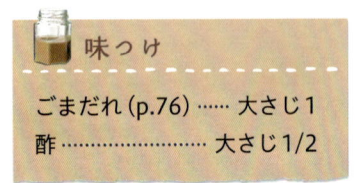

味つけ
ごまだれ (p.76) …… 大さじ1
酢 …………………… 大さじ1/2

作り方 5分 1人分 49kcal

1 キャベツはひと口大に切り、軸のかたい部分は薄切りにする。熱湯で約1分ゆで、ざるにとり、あら熱をとる。
2 ボールにごまだれと酢を合わせ、キャベツを加えてあえる。

Memo
キャベツのほか、もやし、チンゲンサイなどでも。

材料 2人分

なす …………… 2個 (140g)

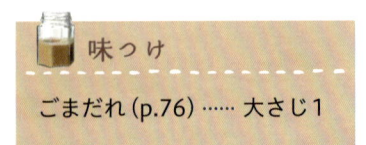

味つけ
ごまだれ (p.76) …… 大さじ1

作り方 10分 1人分 48kcal

1 なすはへたを落として耐熱容器に入れ、ラップをして電子レンジで約3分 (500W) 加熱する。あら熱をとる。
2 なすを手で縦にさいて器に盛り、ごまだれをかける。

Memo
なすのほか、ブロッコリーやカリフラワー、れんこんなどでも。

ごまだれ

白あえに

本来はごまをすったり調味料を合わせたり、ひと手間かかりますが、ごまだれを活用すればぐっとかんたん。やさしい甘さに仕上がります。

白あえ

材料 2～3人分

とうふ（もめん）……… 1/2丁（150g）
にんじん ………………………… 30g
さやいんげん …………………… 20g

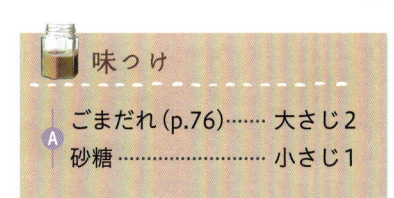

味つけ

A
ごまだれ (p.76)……… 大さじ2
砂糖 ………………… 小さじ1

作り方 15分 2人分として1人分 134kcal

1 とうふはペーパータオルで包んで耐熱皿にのせ、電子レンジで約1分（500W）加熱して水きりをする。くずしてボールに入れる。Aを合わせてとうふに加え（右写真）、泡立器やスプーンなどで混ぜる。

2 にんじんは3cm長さのたんざく切りにする。さやいんげんはへたを切り落とし、斜め薄切りにする。鍋に湯を沸かし、にんじんを入れる。約1分ゆでたら、いんげんを加える。さらに1～2分ゆで、合わせてざるにとり、水気をきる。

3 1に、にんじん、いんげんを加えてあえ、なじませる。

＊少しおくと、より味がなじんでおいしい。

味つけのコツ

ごまだれと砂糖は、とうふに加える前に混ぜ合わせておくと、均一に味つけできます。とうふが温かいうちにたれを加えると、味がよくなじみます。

味つけだれ活用術 4

おつまみに

「ねぎ塩だれ」で
"塩派"に大人気！
ねぎ塩だれを塗って焼きます。

焼きとり・塩

材料 2人分

とりもも肉 …… 150g	ねぎ塩だれ (p.36)
塩 ………… 少々	……… 大さじ2
酒 ……… 小さじ1	
ねぎ ……… 1/2本	竹串 ……… 4本
ししとうがらし‥4本	

作り方 10分　1人分232kcal

1 ねぎは3cm長さのぶつ切りに、ししとうはへたを落とす。とり肉はひと口大に切り、塩、酒をふる。
2 肉とねぎ、肉とししとうをそれぞれ2本の串に交互に刺し、スプーンでねぎ塩だれを表面に塗る。
3 グリルを温め、2を中火で約4分焼く。焼き色がついたら裏返し、弱めの中火で約4分焼く。

「焼き肉だれ」で
"たれ派"はこちら。
焼き肉だれで香ばしく。

焼きとり・たれ

材料 2人分

とり手羽先	焼き肉だれ (p.86)‥大さじ2
…… 4本 (200g)	

作り方 15分　※漬ける時間は除く
1人分111kcal

1 手羽先は水でよく洗い、ペーパータオルで水気をふく。骨にそって包丁で切りこみを入れる。
2 厚手のポリ袋に1、焼き肉だれを入れる。袋を手でもんで、肉にたれをなじませる。袋の空気を抜いて口をとじ、冷蔵庫に1時間〜ひと晩おく。
3 グリルを温め、2を中火で約5分焼く。焼き色がついたら裏返し、弱めの中火で約5分焼く。

＊こげやすいのでようすをみながら焼く。こげそうなときは火を弱める。

今夜はおうち飲み会。
そんなときは、
たれを使ったこんなおつまみはいかが？
どれもかんたんで、準備もラクちんです。

「ねぎ塩だれ」で
たれをかけるだけで居酒屋風やっこに。

ねぎ塩やっこ

材料 2人分

とうふ……………………100g
ねぎ塩だれ(p.36)‥小さじ2

作り方

⏱ 1分　1人分66kcal

1 とうふは半分に切り、器に盛る。ねぎ塩だれをかける。

「トマトソース」で
さっとできる1品。ワインにもぴったり。

ほたてのソテー

材料 2人分

ほたて貝柱（生食用）………6個
A｜塩・こしょう…………各少々
 ｜小麦粉……………………小さじ1
トマトソース(p.62)・大さじ4
B｜水……………………大さじ1/2
 ｜塩・こしょう…………各少々
バター………………………5g
パセリ（みじん切り）………少々

作り方

⏱ 5分　1人分135kcal

1 ほたてはAをまぶす。

2 フライパンにバターを温めて溶かし、ほたての両面を中火でさっと焼き、とり出す。続けてBを入れ、さっと加熱し火を止める。器にソースをしき、ほたてを盛る。パセリをのせる。

「こんぶつゆ」で
たれにじっくり漬けるとおいしい。

味つけ卵

材料 2人分

卵（室温にもどす）……………2個
ねぎの白い部分（せん切り）
　…………………………………適量
A｜こんぶつゆ(p.8)……大さじ6
 ｜水………………………150ml

作り方

⏱ 10分　※漬ける時間は除く
　1人分100kcal

1 鍋に卵とかぶるくらいの水（材料外）を入れて火にかけ、沸騰後弱火で6〜7分ゆでる。冷水にとり、殻をむく。

2 厚手のポリ袋にAを合わせ、ゆで卵を入れる。袋の口をとじ、冷蔵庫に6時間〜ひと晩おく。半分に切って器に盛り、ねぎを添える。

味つけだれ ❼

焼き肉以外にも使いまわせる
焼き肉だれ

レンジ加熱

コクがあっておいしい焼き肉のたれ。
あの味わいが自宅でも作れないかな？　と思って考えました。
この味つけだれがあれば、手のこんだ味の料理が手軽に作れます。
しょうゆとみりんで作るような和風おかずも、
焼き肉だれに代えて作ると、ひと味違ったおいしさが発見できます。
焼き肉だけでなく、炒めものや煮ものの味つけ、下味にも使え、
出番が多くなること間違いなし。

保存期間

冷蔵庫で約1週間

焼き肉だれ

材料 （できあがり量：約200mℓ）

砂糖 ……………………… 大さじ1
しょうゆ ………………… 大さじ5
酒 ………………………… 大さじ2
みりん …………………… 大さじ1
⎡ りんご ………… 1/4個（50g）
⎢ しょうが ……… 1かけ（10g）
⎣ にんにく ……… 1片（10g）

おろしりんごで自然な酸味

作り方

① りんご（皮をむく）、しょうが、にんにくはすりおろす。

② 深めの耐熱容器にすべての材料を入れて混ぜ、ラップをせずに、電子レンジで約2分（500W）加熱する。
　▶さめてからふたをして、冷蔵保存。使うときは、よく混ぜて計量する。

使い方あれこれ

焼き肉に

りんごの甘味と酸味が肉に合い、まろやかにおいしく食べられます。肉だけでなく魚介や野菜にも合うので、バーベキューのおともにもどうぞ。

炒めものに

ごはんがすすむ、韓国風の焼き肉料理。
味つけは焼き肉だれひとつで手軽にできます。

プルコギ

材料 2人分

牛切り落とし肉	200g
たまねぎ	1/2個（100g）
ねぎ	1/2本
ピーマン	1個
いりごま（白）	小さじ1/2
ごま油	小さじ2＋小さじ1

味つけ

焼き肉だれ（p.86）‥ 大さじ3

サニーレタス ………… 3～4枚

味つけのコツ

焼き肉だれのしょうがやりんごが肉になじみ、肉のくさみをおさえます。焼く直前にごま油をもみこむと肉がコーティングされ、ジューシーに焼けます。

作り方　25分　1人分 426kcal

1. 厚手のポリ袋に牛肉を入れ、焼き肉だれを加える。袋をもんで、肉にたれをなじませる（右写真）。冷蔵庫に約15分おく。
2. たまねぎは5mm幅に切る。ねぎは5mm幅の斜め切りにする。ピーマンは縦半分に切って種とへたをとり、縦に3～4mm幅の細切りにする。サニーレタスは手で大きくちぎる。
3. 1のポリ袋に、ごま油小さじ2を加えてもみ、肉に油をまぶす。
4. フライパンにごま油小さじ1を温め、3を汁ごと入れ、たまねぎ、ねぎ、ピーマンを加える。強めの中火で手早く炒め、肉に火を通し、ごまを指で軽くつぶしながらふる。器に盛り、サニーレタスを添え、巻いて食べる。

焼き魚に

ぶりのような風味の強い食材によく合います。
焼いてたれをからめるだけなので、照り焼きを作るよりかんたん。

ぶりの香味照り焼き

焼き肉だれ

材料 2人分

- ぶり……………… 2切れ（200g）
- 塩 ………………………… 少々
- サラダ油 ………………… 小さじ1
- だいこんおろし ………… 適量

味つけ

焼き肉だれ（p.86）‥ 大さじ2

味つけの
コツ

こがさないように注意し
ながら、焼き肉だれを煮
つめます。焼き肉だれに
はみりんが入っているの
で、煮つめていくと照り
が出てきます。

作り方 🕛 15分　1人分293kcal

1 ぶりは塩をふり、約5分おく。ペーパータオルで水気をふく。
2 フライパンに油を温め、ぶりを、盛りつけるときに表になる面を下にして入れる。中火で2〜3分焼き、焼き色がついたら裏返す。さらに約3分焼き、火を通す。
3 焼き肉だれを加え、スプーンでぶりにかけながら煮つめる（左写真）。たれがからんだら火を止め、器に盛る。だいこんおろしを添え、残ったたれをかける。

89

煮ものに

焼き肉だれを煮汁にすると、煮ものに深いコクが出ます。
煮汁のうま味をたっぷり吸っただいこんもおいしい。

牛肉とだいこんの煮もの

材料 2人分

牛肩肉（かたまり）	250g
だいこん	250g
赤とうがらし	1/2本
しょうが	大1かけ（15g）

味つけ

焼き肉だれ（p.86）	大さじ2
水	350mℓ

作り方　40分　1人分353kcal

1. だいこんは皮をむき、縦4つ割りにして、4〜5cm大の乱切りにする。赤とうがらしは種を除く。しょうがは薄切りにする。牛肉は2〜3cm角に切る。
2. 鍋に1を入れ、分量の水と焼き肉だれを加えて（右写真）、強火にかける。煮立ったらアクをとり、落としぶたをしてふたをずらしてのせる。中火で約30分煮る。

＊いったんさめるまでおくと、味がなじんでよりおいしい。

味つけのコツ

焼き肉だれにいろいろな風味のもとが入っているので、水にたれを加えるだけでおいしい煮汁ができます。材料を鍋に合わせたら、あとは煮こめばできあがりです。

オーブン焼きに / **焼き肉だれ**

肉をたれに漬けておき、オーブンで焼くだけ。
事前に準備できるので、おもてなしのメインにも活躍します。

スペアリブのオーブン焼き

材料 2〜3人分

豚スペアリブ（5〜6cm長さ）
.... 400g

味つけ

- 焼き肉だれ（p.86）
  A 大さじ3
- はちみつ 小さじ1

クレソン .... 3〜4本

Memo

はちみつは省いても作ることができますが、コクが出るのであればぜひ加えてください。はちみつの代わりに同量のマーマレードジャムを加えてもおいしい。

作り方　⏱ 20分　※漬ける時間は除く　3人分として1人分397kcal

1. 厚手のポリ袋にスペアリブを入れ、Aを加える。袋をもんで、肉にたれをなじませる。袋の空気を抜いて口をとじ、冷蔵庫に1時間以上おく。
   * 冷蔵庫でひと晩漬けておくと、味がなじんでよりおいしい。

2. オーブンは210℃に予熱する。オーブン皿にクッキングシートを敷き、スペアリブを袋から出して並べ、210℃のオーブンで約10分焼く。裏返し、さらに約5分焼く。器に盛り、クレソンを添える。
   * ガスオーブンの場合は200℃で焼く。機種により火のあたりが異なるので、上記の時間をめやすにようすを見ながら焼く。

煮ものに

シンプルな煮ものも味わい深く仕上がります。
じゃがいものコクまろ煮

材料 2人分

じゃがいも …… 小2個（250g）

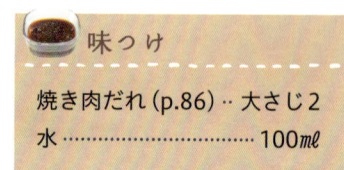

味つけ
焼き肉だれ（p.86）‥ 大さじ2
水 ……………………… 100mℓ

作り方 15分　1人分97kcal

1　じゃがいもは皮をむき、ひと口大に切る。
2　鍋にじゃがいも、分量の水と焼き肉だれを入れ、落としぶたとふたをして火にかける。煮立ったら中火で約10分、いもがやわらかくなるまで煮る。

サラダに

甘ずっぱさを生かしてドレッシングに。
だいこんサラダ

材料 2人分

だいこん ………………… 150g
いりごま（白）……… 小さじ1/2

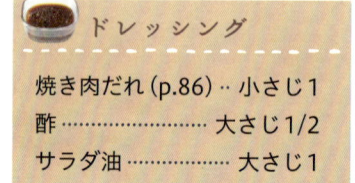

ドレッシング
焼き肉だれ（p.86）‥ 小さじ1
酢 ………………………… 大さじ1/2
サラダ油 ………………… 大さじ1

作り方 5分　1人分66kcal

1　だいこんは皮をむいてせん切りにする。水にさらして、水気をきる。ドレッシングの材料はよく混ぜ合わせる。
2　器にだいこんを盛ってドレッシングをかけ、ごまを指で軽くつぶしながらふる。

炒めものに

焼き肉だれ

肉だけでなく、魚介とも好相性。
炒めるときのたれの香ばしさがたまりません。

いかの香味炒め

材料 2人分

するめいか ………… 小1ぱい (200g)
しょうが …………… 大1かけ (15g)
万能ねぎ …………………… 1本
サラダ油 ………………… 大さじ1/2

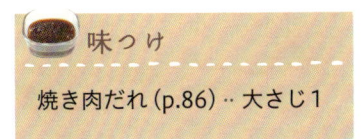

味つけ
焼き肉だれ (p.86) ‥ 大さじ1

作り方 15分 1人分 105kcal

1 しょうがは薄切りにする。万能ねぎは小口切りにする。いかは下処理をし（右記）、胴は1cm幅の輪切りに、足は2本ずつに切り離し、5cm長さに切る。

2 フライパンに油を温め、しょうがを弱火で炒める。香りが出てきたら、いかを加え、中火で約2分炒める。

3 焼き肉だれを回し入れ、強めの中火にして約30秒、全体にからめながら炒める。万能ねぎを加えてひと混ぜし、火を止める。

いかの下処理

いかは下記の要領で内臓を除き、下処理をします。買うときに店で頼んでも。

1 胴に指を入れて内臓をはずし、胴を押さえて内臓ごと足を引き抜く。胴の軟骨を除く。洗って水気をふく。

2 目の下で内臓と足を切り離す。足を切り開き、中心の丸いくちばしを除く。足の吸盤を指でしごいて除く。

「味つけだれ」を おいしく作って使うコツ

「味つけだれ」がおいしさの効力を発揮するためには、
作り方や使い方のポイントがあります。
保存するときの注意点も、こちらを参考にしてください。

たれを上手に作るには？

たれの材料はきちんと計る

「味つけだれ」は、レシピのとおりに材料をしっかり計量することが最大のポイントです。目分量で作ると、味が変わって失敗の元に。大さじ、小さじの使い方は下記を参考にしてください。

固体（砂糖・塩など）

大さじ（小さじ）1

計量スプーンでふんわりとすくい、スプーンの柄などですりきります（押さえつけない）。みそなど粘度のあるものは、ゴムべらで詰め、すりきります。

大さじ（小さじ）1/2・1/3

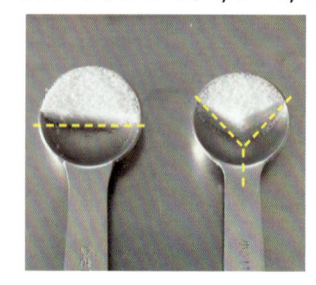

計量スプーンでふんわりとすくってすりきり、スプーンの柄などで線をひき（1/2は半分、1/3はY字に3等分する）、不要な分を除きます。

液体（しょうゆ・酒など）

大さじ（小さじ）1

計量スプーンのふちいっぱい、表面張力で盛り上がっている状態まで入れます。

大さじ（小さじ）1/2

計量スプーンの深さの半分ではなく、写真のようにやや上、2/3くらいまで入れます。スプーンに目盛りがあれば従います。

どんな容器を使えばいいの？

加熱せずに作るたれは…

調味料を合わせやすく、使うときもとり出しやすいよう、口径の広い保存容器やびんがおすすめ。よく洗い、完全に乾かした清潔なものを使います。

電子レンジで加熱するたれは…

耐熱の保存容器で作ると、そのまま保存できるので便利。油の加熱で高温になるねぎ塩だれ(p.36)・トマトソース(p.62)は、耐熱ガラス製など耐熱温度の高いものを使ってください。

保存するときの注意点は？

保存期限をメモして、冷蔵庫へ

保存期限のめやすを容器にメモしておくと便利。マスキングテープなどにたれの名前と一緒にメモし、はっておけば、冷蔵庫の中でもひと目でわかります。

加熱して作ったたれは、さめてから保存

熱いままふたをすると、蒸気がこもって水滴ができ、いたみの原因に。さめてからふたをし、冷蔵保存。早くさますには、別の容器に移して保冷剤の上にのせるとよいでしょう。

たれを使うときの注意点は？

とり出しは清潔なスプーンで

たれが変質したり雑菌が増えるのを防ぐため、使うときは清潔な、乾いたスプーンでとり出します。水でぬれているスプーンを使うのも避けましょう。

よく混ぜて使う

保存中に、容器の底に調味料や食材が沈みがち。使うときは底からよく混ぜ、均一な状態にして使ってください。

ベターホームのお料理教室

ベターホーム協会は1963年に創立。「心豊かな質の高い暮らし」をめざし、日本の家庭料理や暮らしの知恵を、生活者の視点から伝えています。活動の中心である「ベターホームのお料理教室」は、全国18か所で開催。毎日の食事作りに役立つ調理の知識や知恵、健康に暮らすための知識などをわかりやすく教えています。

資料請求のご案内

お料理教室の開講は、5月と11月。パンフレットをお送りします。
ホームページからも請求できます。
http://www.betterhome.jp

本部事務局	TEL 03-3407-0471	大阪事務局	TEL 06-6376-2601
名古屋事務局	TEL 052-973-1391	札幌事務局	TEL 011-222-3078
福岡事務局	TEL 092-714-2411	仙台教室	TEL 022-224-2228

料理研究／ベターホーム協会（越川藤乃・吉田栄子・米山美穂子）
撮影／吉田篤史
スタイリング／半田今日子
デザイン／熊澤正人・林 陽子（Power House）
イラスト／山 奈央
校正／長島牧子

味つけだれ

初版発行　2014年11月1日
2刷　　　2014年12月15日
編集／ベターホーム協会
発行／ベターホーム出版局

〒150-8363
東京都渋谷区渋谷1-15-12
〈編集・お料理教室のお問い合わせ〉☎ 03-3407-0471
〈出版営業〉☎ 03-3407-4871
http://www.betterhome.jp

ISBN978-4-904544-35-8
乱丁・落丁はお取替えします。本書の無断転載を禁じます。
©The Better Home Association,2014,Printed in Japan